平成の鬼平への

ファイナル・ジャッジメント

日銀・三重野元総裁のその後を追う

RYUHO OKAWA
大川隆法

まえがき

時代が移り変わってゆく。今の若者には、三重野・元日銀総裁を知らない人も増えているだろう。『バブル潰《つぶ》し』と称して、株価、地価を急落させ、日本に二十年不況をもたらした張本人の一人である。おかげで、日本経済は全く発展せず、昨年はGDPで中国に追い抜かれ、その軍事的覇権《はけん》におびえている状態である。もし日本経済が順調に発展し、中国の倍もあったら、国の経済力そのものも十分な抑止力《よくしりょく》となったであろうし、増税法案問題で苦しまなくとも税収は増えていたであろう。官製不況《かんせいふきょう》のつけを国民に回すべきではないと思う。

とにかく本書で、「平成の鬼平」とまでたたえられて、マスコミに害毒をまきちらかした人の、神の審判がどうなったか、お知らせできたかと思う。数多くの倒産企業の亡霊たちも浮かばれますことを。

二〇一二年　五月十日

幸福《こうふく》の科学《かがく》グループ創始者兼総裁《そうししゃけんそうさい》　大川隆法《おおかわりゅうほう》

平成の鬼平へのファイナル・ジャッジメント　目次

平成の鬼平《おにへい》へのファイナル・ジャッジメント

——日銀・三重野《みえの》元総裁のその後を追う——

二〇一二年五月一日　三重野康《やすし》の霊示《れいじ》
東京都・幸福の科学総合本部にて

「霊言現象《れいげんげんしょう》」とは、あの世の霊存在の言葉を語り下ろす現象のことをいう。これは高度な悟《さと》りを開いた者に特有のものであり、「霊媒現象《れいばいげんしょう》」（トランス状態になって意識を失い、霊が一方的にしゃべる現象）とは異なる。

なお、「霊言」は、あくまでも霊人の意見であり、幸福の科学グループとしての見解と矛盾《むじゅん》する内容を含《ふく》む場合がある点、付記しておきたい。

平成の鬼《おに》平《へい》へのファイナル・ジャッジメント

――日銀・三重野《みえの》元総裁のその後を追う――

二〇一二年五月一日　三重野康の霊示

東京都・幸福の科学総合本部にて

三重野康《みえのやすし》（一九二四～二〇一二）

第二十六代日本銀行総裁。東京生まれ。生後まもなく満州《まんしゅう》（現在の中国東北部）に渡《わた》り、幼少期の大部分を満州で過ごす。やがて第一高等学校（旧制）に進み、全寮《ぜんりょう》委員長を務めた。東京大学法学部政治学科卒業後、日本銀行に入り、一九八九年十二月に総裁に就任、矢継《やつ》ぎ早《ばや》に公定歩合《こうていぶあい》を引き上げ、いわゆる「バブル潰《つぶ》し」を行ったため、一部のマスコミから「平成の鬼平《おにへい》」と称賛《しょうさん》された。総裁退任後も長期にわたり日銀への影響力《えいきょうりょく》を保っていたと言われている。

質問者　※質問順

立木秀学《ついきしゅうがく》（幸福実現党党首）

綾織次郎《あやおりじろう》（「ザ・リバティ」編集長）

［役職は収録時点のもの］

1　三重野元日銀総裁を招霊《しょうれい》するに当たって

「バブル潰《つぶ》し」を行った三重野元日銀総裁

大川隆法　会場の前方に質問者として座っている二人は、今年の正月（二〇一二年一月二日）に、白川《しらかわ》現日銀総裁の守護霊《しゅごれい》と激論をした人たちです（『日銀総裁とのスピリチュアル対話』〔幸福実現党刊〕参照）。それによって、かなり日本の流れを変えにかかったのですが、今回は、その源流のところを調べてみようと思います。

当会は本当に気の強い団体です（会場笑）。私は、つくづく、そう思います。本当に、〝怖《こわ》いこと〟ばかりしています。

最近、幸福の科学の信者には、若い人が増えてきていますが、そういう人の場合、ここ十年や二十年の日本史については、意外に知らないことも多いでしょう。そこで、前置きとして簡単に説明をいたします。

一九八九年が、「平成」が始まった年、「昭和」が終わった年です。八九年の一月に昭和天皇がお亡《な》くなりになって、現在の天皇が立たれ、平成の世が始まりました。

当時の官房長官《かんぼう》だった故・小渕恵三《おぶちけいぞう》氏が、「平成」という字が書かれた額を掲《かか》げた場面は有名であり、「平《たい》らかな世になるといいな」と誰《だれ》もが思ったわけですが、その八九年の末《まつ》には、いわゆる日経平均株価が、三万八千九百十五円、約三万九千円という史上最高値《さいたかね》を付けました。

この八九年の末に三重野さんが日銀総裁で登場し、任期が終わる九四年まで、五年間、日銀総裁を務めました。この期間は、ちょうど、いわゆる「バブル潰《つぶ》し」と言われる時期に当たります。「バブル潰し」は、この八九年あたりから始まるのです。

八九年の末に約三万九千円あった平均株価は、九〇年になると急落し、十月には二万円を割り込《こ》むところまで来ます。また、地価も高騰《こうとう》の勢いが鈍化《どんか》し、やがて下落に転じます。

確かに、当時の人々の気持ちは分かります。それ以前には、ゴルフ場ブームやボウリング場ブームなどがあり、土地を買うことが流行《はや》っていて、不要不急の土地を会社が買いあさる時代が長く続いていていました。

私が会社に勤めていたときにも、そういう風潮はあり、それらが、やがて、その会社等が倒産《とうさん》していく原因になっていくのですが、不動産ブームがあって、どんどん値上がりしているときには、人は、それを買わずにはいられません。「買うだけで、一年たつと、それが二倍の価格になる」などと言われると、やはり買ってしまうのです。

また、銀行は、バブル崩壊《ほうかい》後には悪者扱《あつか》いをされたわけですが、その当時、土地関係については、どんどんお金を貸し込んでいきました。融資《ゆうし》先から土地を担保に取れたら、それで十分だったので、銀行のほうが、むしろ、「お金を貸すから、土地を買いなさい」と言って、「要《い》らない土地でも買わせる」ということが流行っていた時代だったのです。

それに、当時は「リゾート&リサーチ」と言われ、「海岸辺《へん》もリゾートに開発していこう」というような動きが起きていて、人々は浮《う》かれていました。

そして、「東京都の山手線内側の土地代だけでアメリカ全土が買える」という試算が出るところまで来たあたりで、やはり、少し怖くなってきたというか、「おかしいのではないか」と言われ始めました。

ソニーがコロンビア映画という映画会社を買収し、「アメリカの魂《たましい》を買った」と言われたのもこのころですし、日本企業《きぎょう》がニューヨークのタイムズ・スクエアに手を出したりしたのもこのころです。そのため、アメリカでは、雑誌「ニューズウィーク」等からも日本への批判が出てきました。

当時、まだ生きておられたソニーの故・盛田昭夫《もりたあきお》会長が、海外から帰ってきたあと、「日本人は働きすぎだった。これからは、もう少し遊ばなくてはいかん。遊べ、遊べ」と一生懸命《いっしょうけんめい》に言い出したのも、このころだったと記憶《きおく》しています。

ただ、そのあと、日本では、株価が急落し、多くの会社が崩落に向かっていきます。「遊べ」と言われたあとに、崩落していく時期が来たわけですが、そういう「時代の変わり目」は分かりにくいものなのです。

三重野氏は親分肌《はだ》を買われて偉《えら》くなったのか

大川隆法　三重野さんは、一九二四年、大正十三年生まれです。したがって、当会の故・善川三朗《よしかわさぶろう》名誉顧問《めいよこもん》より三歳《さい》ぐらい年下かと思います。

三重野さんは八十八歳まで生き、先月、四月十五日に亡くなられました。「亡くなられて、まだ二週間余り」ということなので、平安時代の陰陽師《おんみょうじ》風に言うと、これは「生成《なまな》り」のレベルであり（会場笑）、とても〝怖いもの〟です。これは、まだ、本当には、あの世の霊になり切っていないあたりなので、招霊《しょうれい》するとどうなるか、私にも分かりません。

彼は東京生まれらしいのですが、彼の父は、いわゆる満鉄《まんてつ》、南満州鉄道に勤めていました。満鉄は、当時、エリートがけっこう行《い》っている就職先であり、彼の父も一高《いちこう》（旧制の第一高等学校）と東大の出身だったと思います。その父に連れられて、彼は満州に移り住みました。

中学一年のときには大分《おおいた》の中学校に入ったのですが、中学二年のとき、満州に帰り、満州の田舎《いなか》の中学から一高を受験しました。それは、かなり難しいことではなかったかと思われるのですが、何とか受かったのですから、彼は当時の秀才《しゅうさい》ではあるのでしょう。

一高は、駒場《こまば》にある、今の東大の教養学部に相当する学校で、当時、一学年に、文系二百人、理系二百人の四百人がいました。三年制であり、全寮制《ぜんりょうせい》だったため、全部で千二百人が一高寮の寮生でした。

三重野さんは、この一高の寮で全寮委員長を務めたので、彼には〝子分〟が大勢いて、慕《した》われていたようです。そういう親分肌《はだ》のところもあったらしいのですが、こういうことも、彼が買われた原因の一つかと思います。

彼は満州からの引き揚《あ》げ者《もの》ですが、本人は、「満州気質《きしつ》は、とても大らかだ」というような言い方をしています。彼は、『赤い夕陽《ゆうひ》のあとに』という自伝を書いていますが、そのなかでは、満州を故郷《こきょう》、大分を第二の故郷として懐《なつ》かしんでいます。

この方は、満州の中学から、一高、東大へと進み、東大法学部の政治学科を卒業したので、私の先輩《せんぱい》に当たります。最近、当会の霊言《れいげん》では、東大法学部出身者による先輩・後輩対決が多いのですが、私は、「本当に嫌《いや》だな」と思いつつも、やらざるをえないので、やっています。

彼は大学在学中は秀才だったのでしょうが、おそらく、経済学に関しては、いわゆる「マル経《けい》（マルクス経済学）」ばかりを勉強して「優《ゆう》」を取ったのでしょう。それが私には分かります。当時はマル経を勉強しているに決まっているからです。

マルクス経済学ばかりを勉強して「優」を並べた人が、どういう考え方をするか、想像してみていただきたいのですが、資本主義の考え方とは、まったく正反対になるはずです。資本主義とは正反対の考え方が、彼の頭の基層《きそう》に入っていることは、ほぼ間違《まちが》いありません。それを「正しい」と思い、大学で、よい評価を取ったわけですから、その考え方は資本主義とは正反対になるのです。

ちなみに、東大法学部は、昔から五段階評価であり、九十点以上が「優」です。他の大学では、八十点以上で「優」ですが、東大法学部は非常に厳しくて、九十点以上が「優」です。私の在学中には、八十点から八十九点、すなわち、八十点台には「良《りょう》上《じょう》」という評価が付きましたが、これは、他の大学では「優」なのです。

東大法学部では、七十九点から六十五点ぐらいまでが「良」で、その下から五十点までが「可」です。五十点で合格なので、五十点あれば、いちおう進学や卒業ができます。

したがって、東大法学部では、「優」を取るのは、かなり厳しいものなのです。日銀に入るためには、私のころであっても、専門学部の三年生を終了《しゅうりょう》し、四年生で成績が出たころに、だいたい半分以上で「優」を取っていなければなりません。さらに、「教養学部での成績も、そこそこ、よくなければいけない」というような条件だったと思います。

私の周りでは、三年生が終わって四年生の六月ぐらいになると成績が出たのですが、日銀に入るには、「優」が八個以上、必要だったように思います。

また、当時の大蔵省、今の財務省に入るには、私の在学中で、だいたい、「優」が十個ぐらいが最低ラインでした。学年のトップクラスの人で、〝十三勝《しょう》〟ぐらいしていることが多かったのです。

私より、一、二学年下には、十六勝や十七勝ぐらいしている人もいましたが、「優」を取るには、他の大学よりかなり厳しい採点基準がありました。（注。現在は、「優上」「優」「良」「可」「不可」の五段階になっている。）

ただ、「優」を数多く取った人が、本当に頭がよければいいのですが、間違ったことを習い、それで九十点以上を取った場合には、危険な面もあります。

戦後の大学教育においては、経済学がマル経中心だっただけではなく、法律学の憲法においても民法においても、左翼《さよく》思想が主流だったので、その影響《えいきょう》がかなりあったのではないかと考えられます。

彼は、日本が第二次世界大戦に敗れた二年後に、日本銀行に入っているのですが、それは、ちょうど日本の荒廃期《こうはいき》であり、日本がガタガタになったときです。そのため、彼は、大学の専門学部では、きちんとした勉強をしていないと思われます。

彼の場合、一九四五年から四七年が専門学部の期間でしょうが、この時期であれば、おそらく、ほぼ、まともな勉強はしていないでしょう。日本が崩壊し、学問が何もない時代かもしれません。正確なところは分かりませんが、彼は、知識面ではなく、親分肌のところを買われて偉《えら》くなったのだと思います。

金融《きんゆう》引き締《し》めのため、何度も公定歩合《こうていぶあい》を引き上げた三重野氏

大川隆法　ここで言っておかなくてはならないことは次の点です。

三重野氏が日銀の副総裁のころ、日本ではバブル化が進んでいましたが、彼は、総裁になるや否《いな》や、金融《きんゆう》引き締《し》めに入り、三度にわたって公定歩合《こうていぶあい》を引き上げました。就任直後の八九年十二月に、公定歩合を、それまでの三・七五パーセントから四・二五パーセントに引き上げ、翌九〇年の三月には五・二五パーセントに、同年八月には六・〇パーセントに上げています。このように一気に引き上げたのです。

「公定歩合を上げる」とは、どういうことでしょうか。日銀のお金を他の銀行が借りて融資に使うので、日銀が他の銀行にお金を貸すときの金利である公定歩合が上がると、要するに、企業等が銀行からお金を借りた場合、それを銀行に返すときの利子が高くなります。例えば、お金を借りて不動産等を買うときに、返さなくてはいけないお金が以前より高くなるのです。

お金を借りるときの利子が高くなれば、通常、以前よりお金を借りなくなります。日銀は、公定歩合を引き上げることによって、人々が土地やマンションなどの不動産を買うことをやめさせようとしたわけです。

当時、「マンション転がし」という言葉も生まれ、「半年や一年でマンションの価格が倍になる」などと言われていました。台湾《たいわん》育ちの邱永漢《きゅうえいかん》氏（実業家、作家）も、そのころ、「儲《もう》けるには、とにかくマンションに限る。マンション転がしほど儲かるものはない」と言っていた記憶があります。

九〇年ごろ、私は借家《しゃくや》を借りて練馬《ねりま》に住んでいました。ある人から、「今が底値ですから、不動産を買っておいたほうがいいですよ。やがて値上がりしますよ」と言われたのですが、私は買いませんでした。買わなくてよかったのです。もし買っていたら、その後、価格が暴落して、大変なことになっていましたが、買わなかったので、ほっとしています。

世間では、八九年末《まつ》から九〇年、九一年、九二年にかけて、バブル崩壊が起こりました。銀行が「貸し剝《は》がし」や「貸し渋《しぶ》り」を行い、融資先からお金を引き上げたため、数多くの会社が潰れていきました。

そういう状況《じょうきょう》にあって、当会は、九一年から東京ドームで大講演会を開催《かいさい》したりし始めたので、「バブル教団が登場した」という見方をされました。バブル教団と見られ、そうとう批判されたので、当会は、バブルとは因縁《いんねん》が多少あるのです（会場笑）。

当時は、「新聞を読んでいないのか」と、かなり言われたものです。読んでいないわけではないのですが、当会に関係があるとは思っていなかったというか、「当会は当会だ」と思っていたので、気にしていなかったのです。しかし、倒産が増え、世間は自粛《じしゅく》ムードに入っていたのに、当会だけが機嫌《きげん》よく羽ばたいていたわけです。

最近も、やや、それに似ているので、当時と同じような動きが起きそうな気配が少し感じられます。

左翼《さよく》系の言論人などから、「平成の鬼平《おにへい》」と称《しょう》される

大川隆法　そのころに登場した三重野氏は、当時、湾岸戦争で悪役を張っていた、イラクのサダム・フセインと並び称《しょう》され、「二大悪人」と言われたこともあります。もう一人いて、「三大悪人」だったかもしれませんが、そのように、「悪人」と言われていたときもあったのです。

三重野氏に関しては、そういう見方も強かったのですが、佐高信《さたかまこと》という辛口《からくち》評論家あたりは、週刊誌等で、この人を「平成の鬼平《おにへい》」と称して祀《まつ》り上げ、ほめ称《たた》えたため、

それに乗ったマスコミは、かなりあります。「バブル潰し」を容認し、それをほめ称える感じは、ちょうど、民主党が政権を取るときのあの感じに、よく似たものです。

当時、そういう人たちが、「バブルを潰すことは、よいことだ」と考え、一生懸命、「バブル潰し」をほめそやしていたため、三重野氏には、それで慢心《まんしん》したところも多少はあると思います。「平成の鬼平」という言い方は、最高のほめ言葉だったのでしょう。

ところで、今の若い人にとっては、「平成の鬼平」と言われても、「『鬼平』って何？」という感じだと思います。

「鬼平」は、「鬼の平蔵」の略で、「鬼平犯科帳《おにへいはんかちょう》」という時代劇の主人公です。この人は、本名《ほんみょう》を長谷川平蔵《はせがわへいぞう》といい、「火付盗賊改方《ひつけとうぞくあらためがた》」の長で、江戸《えど》時代の実在の人物でもあります。「火盗改《かとうあらため》」は、今の警視庁で言えば、機動隊に当たるかと思います。

時代劇に出てくる鬼平は、火付けや盗賊について、いろいろと密偵《みってい》を放って調べておき、盗賊が押《お》し込むとき、一気に現場に駆《か》けつけ、彼らを一網打尽《いちもうだじん》にしてしまいます。剣《けん》を使って盗賊を斬《き》り、「斬り捨て御免《ごめん》」で倒《たお》してしまうのです。そういう感じで現れてくる正義の味方が「鬼平」なのです。そう思うでしょう。

「そんな時代劇ばかりを見ていてはいけない」と私は思いますし、みなさんも、そう思うでしょう。ただ、この鬼平、長谷川平蔵のテレビドラマのシリーズは、全集のようになっていて、ラックに一杯《いっぱい》分ぐらいはあります。

私は、以前、ルームランナーを使っていましたが、走っているときには暇《ひま》で、一時間も走るのはなかなか大変なのですが、走りながら、この時代劇を見ていると、ちょうどよいぐらいの時間に話が終わるので、この長いシリーズを延々と見ながら、ルームランナーの上を走っていました。

しかし、いつもストーリーがワンパターンであり、「盗賊が入っては斬り殺す」という話ばかりなので、さすがに飽《あ》きてきたことを覚えています。それでも、このシリーズを一通《ひととお》り見た記憶はあるので、鬼平を知らないわけではありません。

それが「鬼平」の名の由来です。

したがって、鬼平は悪人に対して厳しいのです。

当時は、「マンション転がし」などをしている人たち、要するに、実際に使いはしないのに、銀行からお金を借りたり、余剰《よじょう》資金を使ったりして、マンションなどを買い、それを半年ぐらいで売り抜《ぬ》いて利益を得、泡銭《あぶくぜに》をたくさん儲けた人が大勢いました。

こういう、「濡《ぬ》れ手で粟《あわ》」のかたちで儲けた人を悪人と考え、「それを取り締まっている」という理由で、三重野氏を「平成の鬼平」と言って非常に持ち上げたマスコミがあったのです。それは左翼《さよく》系がほとんどです。

この見方に反対したのが、当時の評論家では、渡部昇一《わたなべしょういち》氏、故・谷沢永一《たにざわえいいち》氏、エコノミストの長谷川慶太郎《はせがわけいたろう》氏などです。こういう方がたは、この見方に対して反対なさいました。

旧大蔵省の銀行局長の通達のみで行われた「総量規制」

大川隆法　そのころ、日銀が行った、公定歩合の引き上げによる「バブル潰し」だけではなく、同時に、もう一つ、今の財務省、当時の大蔵省の銀行局長の通達による、土地関連融資の総量規制というものもありました。

その通達を出したのは土田正顕《つちだまさあき》銀行局長です。

この人は男の三人兄弟の三番目ですが、この土田三兄弟は、いずれも秀才で、三人とも東大を出ています。

長兄《ちょうけい》は警視総監《そうかん》を務めた人ですが、警視庁の警務部長時代には過激派に爆弾《ばくだん》テロを仕掛《しか》けられました。自宅に配達された郵便小包《こづつみ》が爆発し、奥《おく》さんが亡くなり、息子《むすこ》さんも重傷を負っています
土田銀行局長は、その秀才三兄弟の一人です。

この人は、鬼平さん（三重野氏）が公定歩合を引き上げていたのと同じころ、九〇年の三月二十七日に、土地関連融資の総量規制について通達を出しました。

これは一《いち》銀行局長の「通達」にすぎません。要するに、国会によって審議《しんぎ》されたものでもなければ、世論《せろん》によるものでもなく、銀行局長という役人が書いた一《いち》通達により、土地関連融資の総量規制が行われたのです。土地等に対する融資の総量規制を指示する内容の一片《いっぺん》の紙を、各銀行に送っただけなのですが、各銀行が、いっせいに、

土地関連融資を止《と》め始めたため、不動産関連の企業がバタバタと潰れ始めました。

この「総量規制」は、のちに解除されましたが、もはや「後の祭り」だったのです。

これについては、昨年亡くなられた評論家の谷沢氏が、「銀行局長くんだりが、法律でもないのに、通達で、こういうことをやったわけだけれども、それでよかったのか」というような批判を、以前、ある雑誌に載《の》せたことがあります。

その土田銀行局長は、大蔵省を退職し、政府系の金融機関の長になっていましたが、谷沢氏は、自分が書いた批判論文を、その人が読んでいないようだったので、同様の内容の批判を、再度、産経新聞に強烈《きょうれつ》な文章で書いていました。

（質問者で元産経新聞記者の綾織に）覚えているのではないですか。谷沢氏は、産経新聞に、「どうせ、その雑誌を読んでいないと思うので、もう一回、言っておく。銀行局長の通達ぐらいで国民の財産を奪《うば》うことを、よいと思っているのか」というようなことを書いたのです。

渡部昇一氏も、これについては谷沢氏と考えが同じです。

日本国憲法には、「財産権の保障」に関する規定があり、「財産権は、これを侵《おか》してはならない。」と、きちんと書いてあります（第二十九条）。

ところが、国の大蔵省銀行局の通達一本で、国民の財産が半分以下になるとか、土地が半額になるとか、そういうことが起こったのです。

この総量規制は海部《かいふ》内閣時代のことであり、当時の大蔵大臣は故・橋本龍太郎《はしもとりゅうたろう》氏です。そのあとの宮澤《みやざわ》内閣は「資産倍増」を掲げましたが、土地の値段を下げただけに終わりました。

憲法では私有財産を保障しているのに、国が、政策によって、国民の財産を半分以下に減らすとか、四分の一にするとか、そのようなことをしてよいのでしょうか。

日経平均株価は、史上最高値の約三万九千円から、一時は七千円台にまで下がりました。五分の一ぐらいになったわけです。

株で財産を持っていた人は、これによって、明らかに財産を圧縮されました。悪人扱いをされ、財産を減らされたわけですが、社会主義国家ではない国で、こんなことが行われてよいのでしょうか。

保守系の数名の評論家たちは、このような意見を述べていたのですが、佐高氏あたりに煽《あお》られた左翼系のマスコミの論調は、「バブル潰しは当然だ。それが正義だ」というものであり、両者の対立は十年ぐらい続いていたのです。

私は、「バブル潰しは間違っている」という判断をしていました。

それから、国際エコノミストの長谷川慶太郎氏は、当時、「投機というものは、上がるときには上がるけれども、下がるときには下がる。儲かるところだけを見れば、ぼろ儲けをしたように見えるかもしれないが、投機をする人は、下がる局面を必ず経験するので、彼らは、全財産がなくなるリスクを背負っている。そのリスク代が儲けになるわけだから、そういうものは放っておけばよい。バブルというのは、放っておけば、勝手にはじけて縮むものなので、国が、国策で、そういうものに手を出すべきではない」という意見を言っておられたと思います。

バブルは、放っておいても、行きすぎた場合には自然に元に戻《もど》るものであり、その際、買った人は損をするようになっているのですが、ここに国策が関与《かんよ》すると、通常の経済の読みとは違うものが入ってくるため、問題が大きいと思うのです。

「心に天邪鬼《あまのじゃく》が巣くっている」のか調べてみたい

大川隆法　この「バブル潰し」には、やはり、三重野氏の性格もそうとう影響しているでしょう。

彼の自伝である、『赤い夕陽のあとに』という本の帯には、「反骨《はんこつ》、天邪鬼《あまのじゃく》が私の心に巣くっているのかもしれない。今になっても抑《おさ》えきれない。」と書いてあります（笑）（会場笑）。非常に正直な発言ですが、それを、ほめ言葉のつもりで、出版社側が帯コピーとして使っているのだろうと思います。ちなみに、出版社は新潮社です。

「反骨、天邪鬼が私の心に巣くっているのかもしれない」ということなので、本当かどうか、調べてみましょう（会場笑）。ただ、天邪鬼だけではなく、貧乏神《びんぼうがみ》かどうかも調べなくてはいけないと思います。彼は、「反発する気持ちを抑えられない」と言っていますが、そういう人であるらしいのです。

また、彼の日銀総裁時代の講演集が、『日本経済と中央銀行　前日銀総裁講演録』という題で東洋経済新報社から出ています。こういうことを言うのは失礼かもしれませんし、先輩に対する尊敬の心を忘れてはいけないとは思うのですが、この本を読むと、結局のところ、この、「頭がよかった」と思われる方は、意外に、けっこう頭がシンプルなのです（笑）。

彼は、日銀総裁時代に、「『物価の安定か、経済の成長か、どちらを取るか』ということを、いつも問われるわけだけれども、こんな質問は成り立たないのだ」と考えており、「物価の安定こそが、すべての経済活動の基盤《きばん》を提供する」というような考え方を、この講演録のなかで語っています。

「『物価の安定か、経済成長か』という二者択一《たくいつ》のクエスチョンは成り立たない。物価の安定こそが日銀の使命だ」と彼は考えていたわけです。

この考えに、日銀は、その後《ご》、そうとう縛《しば》られているはずです。この人は、五年の任期を終えて日銀総裁を退任したあとも、日銀に対して、隠然《いんぜん》たる力を持ち続けていたので、その後の日銀総裁も、この考えに影響されていると思います。

日銀は、いわゆる「バブル潰し」を行ったあと、バブルの再発生を止《と》め、物価の抑《よく》制《せい》をしているのですが、それをやりすぎているため、結果的にデフレ経済が続いています。金融引き締めの影響が続いているのです。

今、日銀は「ゼロ金利」政策を行っていますが、「断食《だんじき》をやりすぎて、もう死にかけになってから輸血をしても、それでは体は元に戻らない」という状態です。

そういう兼《か》ね合いがあるので、三重野氏のこの性格がかなり災《わざわ》いした面はあると思います。日銀は「経済成長より物価の安定が大事だ」と考えてきているのです。

そのため、インフレがとっくの昔になくなり、デフレの時代に入って久しいのに、すなわち、九〇年代からデフレに入っているにもかかわらず、いまだに日銀だけはインフレファイターをずっと続けているつもりでいたらしいのです。〝亡霊〟と戦い続けていたのではないかと思います。

最近、アメリカでは、サブプライムローンの破裂《はれつ》等で、日本の九〇年代と同じような現象が起きたのですが、日本のようなバブル潰し型の政策をとらず、資金を大量に供給することで、わりに短期間で苦境を乗り切り、経済を再構築してきています。アメリカは、経済活動を巡航《じゅんこう》速度に上げていくのに成功しているのです。

したがって、「私などが言っていたことのほうが正しかったのではないか」と、今でも思っています。

「ホリエモン事件」に見る、検察官の倫理《りんり》観の問題点

大川隆法 一部のジャーナリストや評論家などが、三重野氏を「鬼平」と言ったわけですが、本物の鬼平のほうは経済をよく知らないのです。

強盗《ごうとう》は、ある意味では、「自分の体を担保にして、他の人のお金を盗《ぬす》んでくる」というかたちで、一種の所得の移転を行おうとしています。

鼠小僧次郎吉《ねずみこぞうじろきち》は、いわば所得の再配分を行っていたのです（会場笑）。大金持《おおがねも》ちのところに押し入り、千両箱を盗《と》ってきて、屋根の上から小判を撒《ま》けば、これが〝所得の再配分〟です。鼠小僧次郎吉の経済学は、こういうものになりますが、取り締まりをしているだけだと、これが分からないでしょう。

それから、今だと、警察ではなく検察のほうが私は気になります。「検察が動いたあと、必ず不況が起きる」ということについては、「ザ・リバティ」でも何度か記事が出たと思います。

いわゆる「ホリエモン事件（ライブドア事件）」に関して、細かく見れば、確かに、法律に違反《いはん》している面はあったかもしれません。しかし、「二〇〇〇年代に、ニュービジネスを立ち上げ、大きな雇用《こよう》を生んで、新産業をつくる」ということ自体を行っておいたなら、将来、得になることではあったでしょう。

アメリカでは、フェイスブックなどが出てきて大きくなっていますが、日本には、それよりも早く、それと似たようなものが出てきていたのです。

ささいな法律の案件で彼らを捕《つか》まえることも可能ではあったと思いますが、その背景にあったのは検察官の倫理《りんり》観だと思います。

私と同い年ぐらいの特捜《とくそう》部長が、ホリエモンこと堀江《ほりえ》氏の、「世の中に、お金で買えないものはない」という発言を、「許せない」と考えたようです。

その言葉を、ホリエモンが自分で書いたり言ったりしたかどうか、私は知りませんが、ホリエモンの著書の帯あたりのコピーとして、出版社側が勝手に使ったのでしょう。

ただ、検察側は、その言葉にカチンと来たらしく、「取っ捕まえてやる」と考えて、鬼平のような気分で取り締まりに入ることになったらしいのです。

また、彼は、衆院選に広島から立候補しましたが、個人用のプライベート・ジェット機を約三十億円で買い、広島と東京とを往復しました。それを見て、「絶対に許せない」というような感じで、検察側は正義感に燃えたようです。

しかし、公務員には経済原理が分からないことが多いので、「こういう公務員機関が動くときには、みすみす不況を起こし、国民の財産権を侵害《しんがい》していることが多いのではないか」という印象を私は受けています。

今もまた、「宗教法人課税等で宗教団体を圧迫《あっぱく》しよう」と考えている人もいるようですが、そのなかには、何か考え違いをしているものが散見されます。

「平成の鬼平《おにへい》へのファイナル・ジャッジメント」を試《こころ》みる

大川隆法　以上が前置きです。

「八十八歳まで生き、天寿《てんじゅ》を全《まっと》うされた方が、その後、どうなったか。死後、十五、六日で判定が出ているかどうか」ということについては、まだ分かりかねるのですが、過去の公開霊言に登場した何人かの霊人たちのように、死んでも、いまだに病院に入院中のままのつもりでいるのか、それとも、きちんと悟《さと》り切って、何か考えることがあるのか、調べてみましょう。

彼に対しては、日銀総裁時代にも、いろいろと批判が多かったので、ある人が、彼のところに『般若心経《はんにゃしんぎょう》』などを持ってきて、「これを写経《しゃきょう》しなさい」と言ったため、彼は、それを写経していたこともあるようです。したがって、彼には仏教への関心と仏心《ほとけごころ》がまったくないわけではありません。

また、彼の自伝を読んでみると、『論語』や『荀子《じゅんし》』など、いろいろな文献《ぶんけん》からも引用して書いており、中国の古典なども読んではいるので、そういう道徳的なものを勉強していないわけではないと思います。

ただ、「彼は、道徳的なものを勉強することによって、おそらく、経済に対して、倫理を入れたのだけれども、その倫理が経済そのものを破壊したのではないか」と私は感じており、そこにも、もう一つの問題があるのではないかと考えています。

前置きがやや長くなりましたが、ここ二十年ほどの日本経済の状況等については、分からない方も多いと思うので、若干《じゃっかん》の〝補習授業〟として前置きを入れさせてもらいました。

これを事前に言っておかないと、このあと、この二人（質問者たち）が三重野氏の霊に対して突《つ》きつける質問などについて、何を言っているかが分からない可能性もあるので、いちおう、予備知識となるようなことを言っておきました。

「バブル潰し」の結果、日本では、経済が停滞《ていたい》し、経済成長は止まったままであり、この二十年間、その状態が続いています。

さらに、ここで疑われるのは年金に関することです。会社は厚生年金等の積み立ても行っていますが、倒産する前になると、それも取り崩《くず》して使うため、「『バブル潰し』は、今の年金崩壊とも、実際には、つながっているのではないか」という気もしています。

したがって、このあたりが、すべての崩壊の序曲なのではないかと思います。

また、私の先日の講演（二〇一二年四月二十九日説法《せっぽう》の「成功への忍耐《にんたい》」）でも少し話しましたが、今、中国もバブル崩壊期に入っており、日本で言うと、おそらく一九九〇年から九一年あたりに相当する段階に来ていると思います。そのため、判断を間違うと、あそこも大クラッシュを起こすでしょう。

以上が、経済的側面から見た、三重野氏についての判断です。

彼が、経済活動についての判断を、当時の〝常識〟に基《もと》づいて行ったことに対し、霊的には何か判定が出るのか、出ないのか、そのあたりを調べてみたい気持ちが私にはあります。

また、まもなく、当会の映画「ファイナル・ジャッジメント」が公開されるので、今回、ついでに、「ファイナル・ジャッジメント（最後の審判）」という言葉を使わせていただき、宗教とは違うジャンルに関心のある人たちにも、この映画を観《み》ていただきたいと思っています（笑）。

では、調べてみましょう。今朝《けさ》から、何となく、ご本人の霊が私の周りにいるような気もするので、招霊すると、出てくるのはわりに早いかもしれません。

（質問者たちに）よろしくお願いします。

2 「平成の鬼平《おにへい》」の死後の様子

三重野康元日銀総裁を招霊《しょうれい》する

大川隆法　それでは、元日銀総裁・三重野康氏を招霊《しょうれい》したいと思います。幸福の科学総合本部に、「バブル潰《つぶ》し」で有名な元日銀総裁、「平成の鬼平《おにへい》」と言われた三重野康氏の霊をお呼びしたいと思います。

三重野元日銀総裁、どうか幸福の科学総合本部に降りたまいて、そのお心を明かしたまえ。

現在の日本政府のあり方や、日本の政治、経済のあり方、国際経済のあり方、あるいは、ヨーロッパの経済危機、中国の経済問題など、いろいろな問題について、現在の日銀の後輩《こうはい》たちや、各銀行の人たち、また、財務省をはじめとする経済官庁等に対するアドバイス等を頂けましたら、ありがたく思います。どうか、よろしくご指導のほど、お願い申し上げます。

（約五秒間の沈黙《ちんもく》）

三重野　（咳《せ》き込《こ》む）ウェ、ウェーッ！　エヘッ、うーん。

立木　おはようございます。

三重野　ああ？　ウェッ。んん？

立木　三重野康元日銀総裁でいらっしゃいますか。

三重野　あ、あー、あー、うーん。

立木　お体は大丈夫《だいじょうぶ》でしょうか。

三重野　いや、まあ、ちょっと悪いかな。うーん。あんまり興奮させるでない。

立木　はい。心臓に問題が……。

三重野　まだ、ちょ、ちょ、ちょっと、負担がかかるからさあ。興奮はさせるな。年だからな。ああ。興奮はさせるな。

で、おまえら、「日銀の敵」って言われてる人らじゃないか。

立木　ああ、ご存じですか。

三重野　そのくらいは知ってる。

立木　ありがとうございます。

三重野　情報通なんだ。勉強は続いてるんだ、あの世で。あの世に還《かえ》ったんだろ？

知ってるよ。そのくらい知ってるんだ。

立木　お亡《な》くなりになっていることは、もうご存じなのですね。

三重野　うん。分かる。分かってる。葬式《そうしき》やったから、そらあ、分かってる。うん。

地上の人たちへの「挨拶《あいさつ》回り」で忙《いそが》しい

綾織　今は、どのような状態ですか。

三重野　どういう状態って、葬式して、そのあとの状態だな。

綾織　はい。まだ、この世に……。

三重野　うん？　おまえらのほうが詳《くわ》しいんじゃねえのか。あ？

綾織　（笑）

三重野　で、あと、どうなるんだよ。

綾織　まだ、地上をうろうろされているのですか。

三重野　うろうろ！　（会場笑）　うろうろって、君ねえ、うろうろっていうのは、世間から尊敬された人に対して使っちゃいけない日本語だ。

綾織　失礼しました。

三重野　ジャーナリストとしては、君、それは差別用語に当たる。

綾織　日銀に〝出勤〟されているとか……（会場笑）。

三重野　いやあ、そんなことはない。

綾織　（笑）そんなことはないですか。

三重野　俺《おれ》さあ、退職したことぐらい覚えてるよ。そんなことはしないよ。

立木　導きの霊とか、そういう方は、まだいらっしゃっていないのでしょうか。

三重野　何それ？

立木　亡くなったあと、どのようにしたらよいかを導いてくださる霊とか、あるいは三重野元総裁ご自身の守護霊《しゅごれい》とか、そういった方との出会いはないのでしょうか。

三重野　うーん。長谷川平蔵《はせがわへいぞう》が迎《むか》えに来るはずだがなあ（会場笑）。まだ来ないよな、彼。

綾織　どなたか、お会いになった方はいらっしゃいますか。

三重野　ああ？

綾織　亡くなられたあと、どなたか……。

三重野　いや、今、挨拶《あいさつ》回りが忙《いそが》しいからさあ。

立木　どういったところを回られているのですか。

三重野　いやあ、いろいろとな。八十八年も生きたら、そらあ、けっこう付き合いは多いからな。

綾織　地上の方がたに挨拶をされているのですか。

三重野　そうそう、もちろん。挨拶回りをして……。

立木　ただ、地上の方のほうは、三重野元総裁がいらっしゃっても、おそらく分からないだろうと思います。

三重野　うーん。まあ、分かるか分からんかは向こうの勝手だからさあ。それは、俺のほうは知らんけども、いちおう挨拶はしないと失礼だろう？　〝引越《ひっこ》し〟をするときには、挨拶をするものだろうが。

立木　そうですね。

三重野　なあ。だから、「満州《まんしゅう》から引き揚《あ》げて、いよいよ日本に帰る」っていうときだから、そらあ、まあ、敵に追われてなければ、挨拶回りだわなあ。

綾織　はい。そのように、うろうろされているわけですね（会場笑）。

三重野　うろうろって、君ねえ、そういう言葉は差別用語で活字にならないんだ。挨拶回りしてるんだよ。

綾織　挨拶回りですね。失礼しました。

「栄光の生涯《しょうがい》」を動画で見せられたが、途中《とちゅう》でやめた

綾織　まだ、あの世の霊に話しかけられていない状態でしょうか。

三重野　あの世の霊……。うーん。

綾織　身内で先にお亡くなりになっている方が、会いに来られたりはしませんか。

三重野　うーん、まあ、それは、親戚《しんせき》とか、先輩とか、チラッと見舞《みま》いには来てたけど、生きてるときに見舞いに来たのか、死んでから見舞いに来たのかは、ちょっと分からない。

確かに、今は亡くなってるはずの人が来たような気はするが、ちょっと意識が朦朧《もうろう》として、何だかよく分からないんでなあ。いやあ、難しい時期なんだよ。君ねえ、「死んだあと、どうなるか」は日銀法に書いてないんだよ（会場笑）。

立木　そうですね。では、「生前の生涯《しょうがい》等を振《ふ》り返る」というようなことは、ありませんでしたか。

三重野　生前の生涯？

立木　「自分の一生が、どんな生涯だったか」を見せられるとか、そういうことはなかったのでしょうか。

三重野　あ、そう言えば、何かねえ、いや、君ら、幸福の科学って言ったか。

立木　はい、幸福の科学でございます。

三重野　何だか、その名前に似たようなものが、ちょっと来たような気がする。いやあ、紙芝居《かみしばい》じゃないんだけど、何か、動画みたいなものを持ってきて見せようとしたことは、ちょっとあるけど、もう一つ、意味がよく分からなかった。

立木　三重野元総裁の生涯を、紙芝居か何かで見せようとしたのですか。

三重野　な、な、何か、ど、ど、動画って言うの？　何て言うの？　あのー、動くじゃないか。何て言うんだ？

立木　映像か何かですか。

三重野　映像って言うの？　何か、ちょっと、私は見たことがないものだったんで、よく分からないんだけど、テレビでもないし、何だかよく分からないものだけど、紙芝居ではないよ。それほど古くはないけど、何か動くものを私に見せて、私に何かを教えようとしているような感じはあったなあ。うん。
綾織　それを最後まで見なかったわけですか。途中《とちゅう》でやめてしまったのですか。
三重野　ああ、もう「栄光の生涯」だからねえ。見ても、そらあ、もう成功しかないからなあ。まあ、それは栄光の生涯だろう。うん。
綾織　では、それを見るのをやめて、挨拶回りをされている状態ですね。
三重野　ああ、そうそうそう。挨拶回りがなあ……。
綾織　分かりました。

3 「バブル潰《つぶ》し」の背景にあるもの

大蔵省出身者の正反対をしなければ「存在意義がない」

綾織 それでは、せっかくですので、その「栄光の生涯《しょうがい》」を振《ふ》り返る機会を取らせていただきたいと思います。

三重野 うん。まあ、君ら後進の者を教えるのも、仕事のうちだからなあ。

綾織 はい。やはり、いちばん焦点《しょうてん》となるのは、バブル期ですよね。

三重野 うーん。

綾織 一九八〇年代後半から一九九〇年代前半にかけてのバブル期に日銀総裁をされて、いわゆる「バブル潰《つぶ》し」というものを……。

三重野　バブル期に日銀総裁をされたのは、澄田《すみた》さん（澄田智《さとし》・第二十五代日銀総裁、元大蔵事務次官）じゃないのか。

綾織　はい。そのあとを受けて、あなたが総裁に就任されたと思うのですが。

三重野　そのとき、私は副総裁だったからさあ。

綾織　はいはい。

三重野　そらあ、私と考えが違《ちが》ったってさあ、いちおうは大蔵省系の……。

立木　大蔵省出身の天下《あまくだ》りですね。

三重野　あんな経済を知らん大蔵省がなあ、日銀の総裁なんかに来んでいいのに、来てさあ、いじったわけよ。だからさあ、日銀出身者が総裁になったら、大蔵省出身者の反対をやらなきゃいかんことになっているんだよ（机を叩《たた》く）、君。だから、俺《おれ》の責任を追及《ついきゅう》するなよ。制度的に、「たすき掛《が》け人事」っていうのは、必ずそうなることになってるんだからな。

綾織　はい、はい。

三重野　反対のことをしなきゃ、存在意義がないんだよ。

立木　そうすると、三重野総裁のときは、前任者の反対のことをなされたわけですね。基本的には、そういう発想だったということですね。

三重野　まあ、そうしなきゃ面白《おもしろ》くねえだろうが。うん？　そうしなきゃ面白くねえじゃないか。

戦後のハイパーインフレーションに対する恐怖心《きょうふしん》

綾織　その一方で、ご自身の信念の部分もかなりあったと思うのですが。

三重野　信念はあるよ。信念の男ですよ。

綾織　はい、はい。

三重野　その信念の男が、この国を支えたんだ。

綾織　あなたの一生の功績を称《たた》えるという意味も含《ふく》めまして、ぜひ、その信念の内容を教えていただきたいと思います。

三重野　うん。

綾織　当時の「バブル」に対する認識として、これを、どのようにしなければならないとお考えになっていましたか。

三重野　やっぱりねえ、わしは、満州《まんしゅう》国の経営みたいなもんだったような気がするんだよなあ。つまり、「日本には資源がないし、経済が貧しいから、強国に列していくのは大変なので、やはり、豊かな土地を手に入れて国を大きくし、資源を増やし、農作物も増やし、人口も増やしていけば、十分に欧米《おうべい》列強と伍《ご》していける」みたいな考えがあったよなあ。

私は、満州にいたから、まあ、満州についての悪いイメージをそんなに持ってるわけじゃないんだけど、結局は敗戦になって、そのあと、ひどい目にあってさあ。

戦後、紙幣《しへい》が紙くずになるのを見てきた年代だからねえ。紙幣がみんな紙くずになっていくハイパーインフレーションみたいなものを、現実に見た世代だから、それに対する恐怖《きょうふ》は、すごく持ってるよ。「紙幣が紙くずになる」っていうのは、やっぱり、たまらないよな。各種国債《こくさい》や公債等も紙くずになっていくのを見た者だからさあ、やっぱり、むやみな拡張経営っていうのは、基本的には駄目《だめ》なんじゃないかなあ。日本みたいにちっちゃな国が、「大きな大陸を支配しよう」なんていう野望を持ったことが、滅《ほろ》びの始まりだったんだと思う。

八九年には、「アメリカ経済を抜《ぬ》こうか」っていうような勢いだったからさあ、やっぱり、そういう野望は持たないほうがいいんじゃないかと思うよ。

「日米戦争が避《さ》けられ、銀行を淘汰《とうた》できた」という〝功績〟

三重野　君らはさあ、俺が日本経済をぶっ潰して、低空飛行をさせたっていうことを、これから、延々といじめに入るんだろう？　分かってるんだ。

立木　はい。おそらく、そうなるでしょう（笑）。

三重野　それは分かってるんだ。そのシナリオ、台本は、もう読めてるんだけどさあ、俺の「功績」も、いじめられる前に、先に言っとくぜ。

立木　はい。

三重野　「功績」もあるんだよ。俺が「バブル潰し」をして、日本を不況《ふきょう》に陥《おとしい》れ……、いやいやいや、日本経済を〝巡航速度《じゅんこうそくど》〟に保ったおかげで、アメリカは日本に抜かれないことが分かったために、日米戦争が避《さ》けられたんだ。これはよかった。

今、中国とアメリカは険悪な仲になろうとしてるだろ？　もし、あのまま突《つ》っ走ってたら、ああいうふうになったんだ。今、中国は、「米中戦争が起きるかもしれない、覇権《はけん》戦争が起きるかもしれない」っていう危険な曲がり角に来てるわけよ。このまま突っ走ったら、もうすぐ米国と激突《げきとつ》して、日本の二の舞《まい》になるわなあ。

だから、そういうふうなことを起こさなかったのは、わしみたいな優秀《ゆうしゅう》な総裁がおったからであって……。

綾織　ただ、それは最初から狙《ねら》っていたことではないですよね。

三重野　あ？　そうなんだ。結果なんだよ（会場笑）。

ゴルフには結果オーライっていうのがあるだろ？「失敗した」と思っても、そこから、次にポンと入っちゃうことがあるからさあ、結果オーライも、まあ、得点は得点なんだよ。

綾織　まあ、それは、あなたが狙ってやったことではないので、得点にはしがたいと思います。

三重野　だけどさあ、それには、貴重な満州体験が生きてるからさあ。

私たちにとっては「リアリティーだ」と思えた満州帝国《ていこく》？　溥儀《ふぎ》さん（愛新覚羅溥儀《あいしんかくらふぎ》）。清朝《しんちょう》最後の皇帝で、後に満州国皇帝）とかが来てねえ、「偉《えら》い人が来た」っていうんで、「へえーっ」って、みんなでお出迎《でむか》えした記憶《きおく》はあるよ。

あの帝国は、いったい何だったんだ？　要するに、バブルというか、蜃気楼《しんきろう》だったよなあ。

立木　ただ、三重野総裁のときの金融《きんゆう》政策によって、バブルが潰れ、銀行は本当に不良債権の山になりました。

三重野　いやあ、君ねえ、銀行は淘汰《とうた》できただろうが。

立木　いやいやいや。

三重野　それは、ドラッカーだって言ってただろう？　なあ。「二十行《こう》も都市銀行があるなんて、こんな国はない。これは絶対おかしい。非効率なところがあるから、もう、三、四行に縮めなきゃいけない」って。そのとおりになっただろう。

綾織　銀行についてはそうだと思います。

三重野　わしの政策が効いて、銀行は潰れた。

綾織　しかし、そのせいで、何万、何十万という日本の企業《きぎょう》が倒産《とうさん》してしまいました。

三重野　うーん。だけど、毎年、三万人ずつ自殺してるんだろう？

綾織　ええ。

三重野　まあ、人口抑制《よくせい》になってよろしいわ。うん。

立木　いえいえ、今、日本では人口減少が起きているので、人口抑制はよくないと思います。

三重野　あ？　いや、老人を中心に減らしてるから、いいんだよ。それは、政策どおりだから……。

立木　いやいや、経済苦で亡《な》くなるのは、中年層ですよ。

三重野　若者もちょっとは死んでるけども、それは受験と失恋《しつれん》で死んでるんだろう。そんなやつは敗者だから、もう早めに淘汰しておいたほうがいいんだ。

やはり、「物価の安定が最も大事」と考えている三重野霊

綾織　「日本みたいな小さな国」とおっしゃいましたが、あなたが目指される日本、

「こういう国がいいなあ」と思われる日本というのは、どのような状態なのでしょうか。

三重野　うーん。物価の安定だな。

綾織　物価の安定ですか。

三重野　うん。物価を安定させることは大事だ。

綾織　どのくらいの物価レベルを「安定」と言うのですか。

三重野　君らは、「物価が安定してるのは当たり前だ」と思ってるけど、そのありがたみが分かってねえんだよ。

だから、水や太陽や空気と同じなんだよ。物価が安定してると、そのありがたみが何も分からないんだ。

ほかの国では、ハイパーインフレーションを起こして通貨が紙くずになったりしたし、今だって、あれだろ?　ヨーロッパでは、ギリシャも、イタリアも、みんなガタガタになって、危機が飛び火してるんだろう?　見なさい。わしみたいに優秀なのがいないから、ああなるんだ。

立木　いやいや、そういう国は、やはり、経済が発展途上《とじょう》であって、供給力が不足しているわけですから……。

三重野　日本も発展途上だったんだ。

立木　日本は、もう十分に発展しています。むしろ、今は、デフレが続いていて、収入が増えないため、非常に景気が悪く、国民が苦しんでいるわけですよ。

三重野　うん？　苦しんでる？

立木　ええ。

三重野　そんなことはない。世界トップクラスの経済で、豊かな生活をしてるじゃないか。

立木　そうだったんですけれども、今は、なかなか……。

三重野　全然、苦しんでないよ。

立木　このまま放っておくと、衰退《すいたい》するかもしれません。

三重野　君たちは、少なくとも、一高《いちこう》の寮《りょう》の飯より、いいもんを食ってるよ。な？　わしは寮長だったけど、みんなに何を食わすか、やっぱり考えたもんじゃ。

立木　はあ。

三重野　だからさあ、君ら、寮食よりは、いいもんを食っとるから、豊かなんだよ。感謝しろ、感謝。

立木　いやいや（苦笑）。

三重野　北朝鮮《きたちょうせん》とは違うんだ、日本は。

立木　そういうレベルではなくて、やはり、経済成長を目指さないと、今はもう……。

三重野　目指したら崩壊《ほうかい》するよ。

立木　そんなことはないですよ。成長を目指さなければいけません。

三重野　そらあ、山に登りゃあ、下《くだ》るに決まってるじゃないか。

立木　浮《う》き沈《しず》みはありますが、トレンドとしては、やはり、上昇《じょうしょう》を目指さないといけません。

三重野　わしは、「山を登って下るのは、もうしんどい。登るのもしんどいけど、下るのもしんどいから、平地を歩いたほうがいい」って言ってるんだよ。

綾織　先ほどの「物価の安定」というのは、「物価が変わらない状態がいちばんいい」ということでしょうか。

三重野　そらあ、いいよ。君ねえ、戦後、卵は、物価の優等生で、一個二十円ぐらいで走ってたけどさあ、卵が一個二百円とか、二千円とかに、もしなってごらんなさい。生活感覚がどうなると思う？　「卵一個が二千円」となったら、「これは恐竜《きょうりゅう》の卵か、それともダチョウの卵か」って、みんな言い始めるだろう。

それは、やっぱり、世の中の人の頭が狂《くる》ってくるよな。

日銀の給料は他行の給料よりも高くなければいけない?

綾織　もっと言えば、物価がどんどん下がっていくデフレの状態が理想でしょうか。

三重野　デフレねえ。デフレっていうのは、戦前、ちょっとだけあったかなあ。ちょっとだけデフレの時期が、昔あったような気がするけども……。

基本的に、日本経済はインフレだからね。長らくインフレが多かったから、デフレっていうのは、戦後の日銀の歴史では、確かに新しい現象だけど、高原状態までいったんグーッと上がったらさあ、そのあと、調整期間として、ちょっとは山や谷が出るのは……。

立木　しかし、もう十年も二十年も、ずっとデフレが続いているわけですから、「ちょっと」ではないですよね。

三重野　うーん。

立木　かなり長い調整期間です。その間、ずっとデフレで、物価も下がりますが、収入も下がりますから、経済が縮小して非常に苦しい状況です。

三重野　だから、わしが挨拶《あいさつ》回りしてる理由はなあ、日銀総裁の給料が下がったんで、慰《なぐさ》めて歩いてるんだ。何か、地位が下がったんで……。

立木　やはり、仕事が悪かったので、「給料が下がってもやむなし」かと思います。

三重野　そんなことはない。嫉妬《しっと》されただけだよ。総理大臣より給料が高いのがばれちゃったからさあ。

立木　はい。

三重野　日銀総裁の給料が総理大臣より高いのがばれたからさ。それで嫉妬されたんだろう。

立木　しかし、今の日銀のパフォーマンス（実績）を見れば、やむをえないですよね。

三重野　うーん。

立木　デフレを放置していましたからね。まあ、最近は少し流れが変わってきましたけれども。

三重野　やっぱり、日銀の給料は全銀行の給料より高くなきゃいかんからなあ。

立木　いや、そうでなくてもよいと思います。

三重野　いやあ、「国連の給料が全公務員の給料よりも高くなきゃいけない」っていう建前《たてまえ》と一緒《いっしょ》でね。まあ、今は下がってきてるらしいけど。

立木　日銀は公務員的な存在ですから、むしろ、あまり給料が高いとよろしくないのではありませんか。

三重野　うーん、だけど、まあ、いちおう……。

立木　民間のほうは、自分たちの努力で富を増やしています。

三重野　まあ、日銀の職員たちには、「わが社は」と言うように指導してはいるんだよ。

「酒を飲むときには、『うちの会社は』と言うようにしなさい」って指導しているんだ。だから、株式会社の気分でやってるんだよ。

立木　かたちの上ではそうかもしれませんが、実質上は政府の一機関ですからね。

日本が豊かになることは「搾取《さくしゅ》」なのか

三重野　うーん。まあ、そうだけどさあ、物価を安定させてるだけだったら、経済成長がないみたいに見えるけど、これが「実は優等生だ」っていうことが分かってもらえないのが、つらいところなんだよなあ。会社なんかは、「売り上げが上がればいい」と思って……。

綾織　バブル崩壊以降、国民の所得はほとんど増えていません。

立木　むしろ減っていますよね。

綾織　経済成長もほとんどない状態です。

三重野　これでもねえ、君、海外から見たら嫉妬されてるわけよ。一人当たり（の所得）が「日本の百分の一」とか「十分の一」とかいう国がいっぱいあるわけだ。

立木　そういう国を支援《しえん》するためにも、日本がもっと豊かにならなければいけないと思います。

三重野　いや、そんなことになったら、やっぱり搾取《さくしゅ》してることになって……。

立木　いいえ、搾取ではありません。

三重野　要するに、「所得の再配分として、世界に撒《ま》け！」って言われるからさあ。そういうふうにならないように、ある程度のところで抑《おさ》えなきゃいけない。

立木　いえいえ。逆に、たくさん稼《かせ》いで、撒けばいいんですよ。

三重野　あんまり差が開《ひら》きすぎると貿易が成り立たなくなるからね。

君ねえ、アダム・スミスの時代はもう古いんだよ。やっぱり、ある程度、似たような経済レベルじゃないと交易が起きなくなる。もう百倍も差があるとねえ、交易自体が起きないよ。

立木　そんなことはありません。

三重野　日本から物を買おうとしたって、払《はら》う金がないんだ。

立木　いやいや、日本が経済規模を大きくすることで、貿易も活発化するわけですよ。

三重野　だから、彼らと同じ経済レベルに近づいてやらなきゃいけないのよ。差がそんなにないところまでね。

立木　いいえ、そういう途上国から、資源なり、いろいろな製品なりを、もっとたくさん買ってあげなければいけませんから……。

三重野　日本銀行はねえ、世界銀行じゃないからさあ、世界を発展させなきゃいかん銀行じゃないんだよ。

立木　でも、世界経済は全部一つにつながっているんですよ。

三重野　いやあ、俺だって世界銀行の総裁でもしてりゃあ、ちょっとはやるけどさあ。俺、英語できねえからさあ、駄目なんだよなあ。

満州だろう？　だから、ちょっとハンディがあったんだ。それで、フランス語のほうを取ったんだよ。フランス語をやるのは初めての人が多かったんでなあ、一高時代、フランス語を取ったんだ。だから、英語はあんまりできないんだよ。ニューヨークに駐在《ちゅうざい》したことになってるけどさあ。

立木　ええ、そうですね。

三重野　おたくの政党の広報本部長と同じ状態でさあ、「アメリカにいた」というだけで、英語はほとんどしゃべれねえんだよ、ほんとは。まあ、中卒というか、中学レベルなんだ。

若いころに統制経済を体験したので、「バブル潰《つぶ》し」が好き

立木　話は少し変わりますが、大学時代に、経済については、どのような勉強をされましたか。

三重野　いやあ、経済はな、そらあ、もう、配給経済しかなかったからさあ。俺たちの青春期は統制経済の時代だったから、正規の配給ルートでない闇《やみ》ルートの経済、アンダーグラウンド経済が発達していて、「それは善か、悪か」とか、いろいろと言われていた。

当時、闇米だったか何だか、そういう裏から仕入れてきたものを、「家族は食べても、自分は食べない」と言って頑張《がんば》って、餓死《がし》した裁判官がいて、えらく尊敬されてたよなあ。

だから、「正義とは何ぞや」っていうか、「法の正義と経済の正義は、今、いったいどこにあるのか」っていうようなところが非常に問われておったから、われらの経済学は、まあ、「崩壊した経済学」だったんだよ。戦時経済は、統制経済の末期だろうけども、戦後も一時期、やっぱり配給制の統制経済が続いてたからねえ。

立木　そういうご経験を通じて、「やはり自由な経済が大事だ」という発見はなかったのですか。

三重野　だから、「配給経済をやってる」っていうことは、これは社会主義経済っていうことだよなあ。統制経済だろ？

立木　ええ、そうですね。

三重野　だから、まあ、統制するのが好きだから……。

立木　ああ、やはりお好きですか。

三重野　「バブル潰《つぶ》し」は好きだよなあ、やっぱりなあ。基本的にそうなるよな。若いころに体験したことは、君ねえ、忘れられないものなんだよ。若いころにやったことはねえ。

立木　はい。

三重野　君だって、東大五月祭で、講演をしなきゃいけないらしいじゃないか。ええ？

立木　よくご存じで（会場笑）。

三重野　君たちだけに情報が入ってると思ったら、大間違いだ。俺んところにだって、こういうなあ、ファックスじゃないけど、情報は入るんだよ。
　それで、君は若いころに、大川隆法を呼んで、東大の安田講堂前で講演会をやったんだろう？

立木　はい。よくご存じですね。

三重野　だから、今度、おまえもやらされるんだろう？

立木　ありがたいことです。

三重野　それで、「しまった！　あんなことをするんじゃなかった！」って、今、反省しておるんだろう？

立木　いえ、そんなことはありません。あれはもう、歴史に遺《のこ》る一大行事でしたので。

三重野　それで、地獄《じごく》に堕《お》ちるというか、やがて地獄を見ることになるんだよ。

立木　いえいえ、全然、そんなことはありません。

三重野　大川隆法は三十四歳《さい》で講演した。なあ？　立木秀学は、四十を超《こ》えて講演する。「泡《あわ》を吹《ふ》いたらどうしようか」と思うと、やっぱり、「雨でも降らんかな、風でも吹かんかな、台風でも来んかな」と願ってるんだろう。

立木　いえいえ、屋内でやりますから、大丈夫《だいじょうぶ》ですよ（会場笑）。絶対やりますので。

三重野　あんた、台風を呼べるんだってなあ。もう、雨は降らせる、風は吹かせる、台風は呼べると（会場笑）、俺のところに来た〝レター〟に書いてあるんだ、全部。「ほんとに雨男で、台風男で、風男だ」と書いてある。

立木　（苦笑）そうですか。

三重野　だから、「東大五月祭は、大嵐《おおあらし》になって、人が誰《だれ》も来なくて、しかたがないから切られることになって、一分で終われるように」とか、そんなことを考えてるんだろう？

立木　いえいえ（笑）。安田講堂の屋内でやりますから大丈夫です。

三重野　「バブル潰し」とほとんど一緒だ、これは。

立木　いやいや、たとえ、そういうなかでも、たくさんの人が集まって来られるわけですから……。

三重野　「バブル潰し」なんだ。そういう、能力がないものをあるように見せようとするやつは、やっぱり不幸な目に遭《あ》うから、そういう能力は見せないほうがいいんだよ。

　だから、それをやる前に潰してしまう。それが、やっぱり幸福の基《もとい》なんだよ。それさえやらなきゃ、党首の地位を維持《いじ》できるんだよ、君は。

立木　いいえ、そんな保身は考えていません。

三重野　いやあ、そうかな？

立木　あなたとは違います。

東大では、明治以降、一貫《いっかん》して「保身」を教えている

三重野　いや、考えなきゃいけないよ。君ねえ、東大を出てね、保身を考えない人間なんか、世の中に一人もいないんだよ（会場笑）。

立木　ああ、そうなんですか。

三重野　それを教えてるのが、この大学なんだから。いかにして身を守るべきか。いかに楽をして出世するか。それを教えてる大学じゃないか。何を言ってるんだ。

立木　いやあ。

綾織　それでは、三重野さんの時代も、やはり、「保身」というのが中心テーマだったのでしょうか。

三重野　そう！　昔からそうだよ。明治以降、一貫《いっかん》してるんだ。いったん入りさえすれば、「その権利は一生手放すな」と、こういう貴重なことを教えてくれている大学

なんだよ。素晴《すば》らしい！

立木　それで、今、日本が悪くなっているわけですね。

三重野　いやあ、頭が悪くなっても、悪くなってないように見せる技術を教えてくれる、いい大学なんだよ。

立木　（苦笑）なるほど。

三重野　だから、商売には手を出しちゃいけないんだよ。失敗が出るからね。

立木　うーん。

三重野　東大出は商売に手を出しちゃいけない。やったら、成功・失敗が出るんだ。

立木　でも、商売が分からない人が日銀総裁をやるというのは、よろしくないのではありませんか。

三重野　やっぱり、商売が分からない人は、役人になるのがいちばんだよ。役所に行ったらいいね。

立木　ええ。

三重野　日本銀行の偉いさんでさあ、ほんとに会社の社長ができる人なんか、一人もいるわけがないいんだよ。全然、分からないいんだよ。

立木　ええ。

三重野　まったく分からないいんだよ、みんな。日銀短観を見て、「これはどうやって読むの？」って訊《き》いてるような状況だからさあ。

立木　そうなんですか。

三重野　うん。

立木　まあ、「三重野総裁のときはそうだった」ということですよね。

三重野　確かに、支店長会議っていうのはあるよ。その大きい全国支店長会議で、みんなが、多数決で「景気がよくなっている」ということを決めたあと、そう言ってるんだ。

立木 アメリカの中央銀行などでは、経済の専門家がトップとして指導しています。

三重野 いや、わしだって、君ね、日銀を辞《や》めたあと、やっぱり食っていかないといかんだろ？ （三重野氏のプロフィールが書かれた資料を見て）だからさあ、これに何か書いてあるけど、えーとねえ、辞めたあと、どっかの大学で教えとった。

立木 杏林《きょうりん》大学ですね。

三重野 ああ、書いてある。社会科学部および総合政策学部客員教授……。眼鏡《めがね》が欲《ほ》しいなあ。そこで働いたよ。やっぱり給料が安いからなあ。辞めたあとは、収入がちょっと足りないんだよ。

4 「日銀の使命」とは何なのか

日銀は「経済のモラル」を教えるところ？

綾織　ここで少し、日銀の後輩《こうはい》の方がたについて、お伺《うかが》いしたいのですけれども。

三重野　うん、うん。

綾織　今の白川《しらかわ》総裁は、頑張《がんば》っておられるのかどうか、よく分かりませんが、彼に対して、どのような評価をされていますか。

三重野　うーん。まあ、俺《おれ》の精神は受け継《つ》いでるんじゃない？

綾織　受け継いでいる？

三重野　うんうんうん。

綾織　そうすると、「立派な仕事をしている」と考えておられるわけですね。

三重野　うん。精神は受け継いでる。だから、俺の言う、「ふんどしだけは外すな」っていう教えを守ってるんじゃないか？

日銀がふんどしを外したら、モラルがなくなるんだ。まあ、モラルの問題なんだよ。つまり、日銀っていうのは、経済をやってないんだよ、実際は。

綾織　はいはい。

三重野　実体経済なんか全然関係がないんだよ。だから、日銀はモラルを教えるところなんだよ。

綾織　実体経済には関係がないんですね。

三重野　ええ。経済をやってる会社や、官庁や、いろんなところに、「経済のモラル」を教えるのが日銀なんだよ。

綾織　ほうほう。

三重野　要するに、日銀っていうところは、酒を飲んでどんちゃん騒《さわ》ぎをしてもいいけども、宴会《えんかい》っていうのは必ずそうなるが、「ふんどしだけは外すな」と教えるところなんだ。

綾織　（苦笑）

三重野　これが、日銀の引き締《し》めなんだよ。

綾織　しかし、今年の二月に、白川総裁が、事実上のインフレ目標として、「物価上《じょう》昇《しょう》率一パーセント」を掲《かか》げました。

立木　ちょっと流れが変わりましたよね。アメリカに倣《なら》って、そのような措《そ》置《ち》を取りました。

綾織　これによって、その後、平均株価が一万円以上になったのです。

三重野　うん、何だか政治圧力がかかって……。

綾織　これは、明らかに、日銀の政策によって実体経済を上向きに動かしたケースですよね。

三重野　うーん。

綾織　立派な仕事だと思います。

三重野　そんな経済学は、俺の時代にはなかったんだから、分からねえよ。

綾織　このへんについては、まったく分からないわけですね。

三重野　分かんねえよ、そんなの。「新人類の経済学」だろう?

綾織　(笑)

三重野　「火星人の経済学」とも言うやつだろう?

綾織　それでは、日銀が金融緩和《きんゆうかんわ》をして、お金を刷ることについては……。

三重野　大学を卒業してからあとは勉強してないんだから、そういう新しい学問は知らない。だから、もう、「温故知新《おんこちしん》」なんだよ。

綾織　ほうほう。

三重野　俺の基本的な学問姿勢は、「温故知新」だ。

綾織　どこまで古いところに帰るのですか。

三重野　それはまあ、『論語』あたりまで帰らなきゃならないなあ（会場笑）。

綾織　（苦笑）『論語』ですか。

三重野　まあ、二千五百年前まで帰れば、やっぱり正しい道が分かる。倫理《りんり》の基本が分かるんだよ。

綾織　はい、はい。

三重野　それに基《もと》づいて、経済は運営されなければならない。

株による資金調達は「不健全」、資本主義は「認めない」

綾織　その倫理では、「お金儲《もう》けは悪」なのですか。

三重野　まあ、お金儲けは、正当に儲けたものまでは悪ではないが、やはり、ちゃんと役所に税金を納めなければならない。

綾織　それはそうですね。

三重野　その意味においては正義であるけれども、税金を逃《のが》れるやつと、不当な儲け方をするやつは、やっぱりよくない。

立木　その「正当か、不当か」というのは、どこで見分けるのですか。

三重野　それは、やっぱり、「額《ひたい》に汗《あせ》して働き、農業で作物を育てて、収入がある」というのは正しい。

また、「商売人が、仕入先に正当な代価を払《はら》いながら、それに利益分を一割か二割乗せて売って、稼《かせ》ぐ」というのは、正しい経済学として認められる。

立木　はい。

三重野　しかし、「物を隠《かく》しておいて、それがなくなったときにパーッと出して、バーンと五倍十倍の値段にして売る」というような経済学は間違《まちが》いだし、「住みもしないマンションをいっぱい買って、それを転がし、売り飛ばして儲ける」というような経済学とか、「住みもしないハワイのコンドミニアムに投資し、売り飛ばして金を儲ける」というような経済学とかは、間違いの経済学だよな。

立木　投機は悪ですか。

三重野　え？

立木　投機は悪なのですか。

三重野　投機って、俺には、よく分からないんだよな。

綾織　「普通《ふつう》に株を買って資産運用をする」というのは、どうでしょうか。

三重野　あのねえ、君、日銀総裁に株が分かると思ってるの？（会場笑）それはね、あっちの証券取引所に訊《き》いてよ。分かるわけがないだろう。

綾織　それ自体は、やはり、「あまりいいことではない」と考えておられますか。

三重野　え？

綾織　株を買って資産運用をすることについては……。

三重野　まあ、あんまり健全でないよね。

綾織　健全ではない？

三重野　不健全だね。やっぱり、金は銀行から借りるべきだよ。株でねえ、「自社で金を調達する」っていうのはインチキだよ。裏道だと思うなあ、俺は。

綾織　うーん。しかし、資本主義なので、株は……。

三重野　要するにね、君、株っていうのは、日銀券に代わって、自分のところで、ある意味では、通貨のような、手形のような、小切手のようなものを発行して、資金を調達してるんだよ。

綾織　そうですね。はい。

三重野　これは、「一個一個の会社が銀行機能を持つ」ということなんだよ。

立木　ええ。直接金融ですよね。

三重野　うん、直接金融だ。君、ちょっとは分かってるじゃないか（会場笑）。

立木　はい（苦笑）。

三重野　だからさあ、日銀総裁の決裁を得ないで、そういうことをしちゃいけないんだよ（机を叩《たた》く）。

綾織　しかし、直接金融を行うことは、資本主義そのものですよね。

三重野　え？　資本主義なんて、俺、認めてねえんだよ（会場笑）。

綾織　認めていないんですか。

立木　やはり社会主義の統制経済ですか。

三重野　統制経済だよ！　「統制経済しか知らない」って言ってるじゃないか。

立木　はあ。

三重野　その時代の人を総裁にするんだから、日本の国は。それが法制度になってるんだから、しょうがないじゃないか！

立木　はい、はい。

三重野　統制経済しか経験してない人間を、しかも、勉強もしてない人間を、年齢《ねんれい》が来たら総裁にしてくれるんだから、統制せざるをえないじゃないか。やったことがないものはできないでしょう？

立木・綾織　うーん。

三重野　刑務所《けいむしょ》の看守は、檻《おり》のなかというか、牢《ろう》のなかから出さないようにするのが仕事だろう？　でも、刑務所のなかに入ってる人たちに、「適当に外に出ていいけど、十時になったら、門限を守って帰ってきてくれよ」なんて言って、自由の鍵《かぎ》なんか与《あた》えたら困るじゃないか。

「円安に誘導《ゆうどう》するのが日銀の使命」という発言の矛盾《むじゅん》点

立木　しかし、日本が繁栄《はんえい》できたのは、やはり、自由経済の下《もと》に数多くの起業家が出て、努力したからではないですか。

三重野　いや、君らは騙《だま》されてるのよ。自由経済をやってる気分でいるが、違うんだ。戦後は、ずーっとねえ、日銀と大蔵省を中心とする役所が、護送船団で日本経済を持ち上げてきたのであって、自由経済なんてなかったのよ。社会主義経済なの！

立木　そういう部門もありましたが、日本の強みの部分、例えば、自動車産業や電機産業などは、別に政府から支援《しえん》してもらったわけでもなく、自分たちの努力で会社を成長させていって、それで日本は繁栄してきたわけですよ。

三重野　そんなことはない！

立木　それが日本の成長のメインの要因ですよ。

三重野　思い出した、思い出した。ああ、経済の知識がよみがえってくるなあ。頭が活性化してくる。ああ、脳細胞《さいぼう》が生まれてきたような気がする（会場笑）。

何を言ってるんだ。自動車産業が勝手に儲けたって？

立木　はい。

三重野　君ねえ、そんなでたらめな経済学を説くんじゃないよ。

立木　いえいえ、そんなことはありません。

三重野　何を言ってるんだ。円高になったら途端《とたん》に売れなくなるじゃないか。それを「円安に誘導《ゆうどう》する」っていうのが、日銀の大いなる使命なんだよ。

綾織　円安にするのであれば、もう少し円を緩和すべきではないですか。

立木　そうそう。緩和しなければいけないと思います。

三重野「円安にするためにはどうしたらいいか」っていうとだなあ、基本的なセオリーは一緒《いっしょ》だ。物価を安定させて、要するに、日本経済が大きな成長をしないように、大きな発展をしないように抑《おさ》えておけばいいんだよ。

立木　いや、物価が安定しすぎると、デフレになって、むしろ円高が進むんですよ。

三重野　え？　デフレ？　これはデフレになるのか。

立木　ええ。通貨価値の安定ということで言えば、お金の値打ちが上がる方向に行けば、円高になるんですよ。

三重野　物価が安定したら、別に、インフレにもデフレにもならない。中道《ちゅうどう》ができる。いや、わしは中道じゃなくて、中庸《ちゅうよう》、中庸、中庸の……。

立木　ただ、アメリカなどがインフレであれば、日本の円が強くなってしまいますよね。

三重野　アメリカは狂《くる》ってるからさ、よく分からねえんだよ。やることがでたらめだからな。

立木　いやいや、そんなことはないです。

金融《きんゆう》を緩和《かんわ》すると、「倫理《りんり》が麻痺《まひ》して犯罪がはびこる」？

綾織　ＦＲＢ（連邦《れんぽう》準備制度理事会）のバーナンキ議長については、どのように評価されていますか。

三重野　ああ、名前は聞いたことはあるけどさあ、俺よりあとから出てきたから、俺よりバカなんじゃねえか。

立木　（苦笑）それは違うでしょう。

三重野　勉強が足りてないんじゃない？　経験が足りないよ。やっぱり、経験が足りてない、経験がな。

綾織　ＦＲＢの場合は、今、ドルを大量に刷ることで、ある程度、景気の下支えができているると思うのですが。

三重野　いや、アメリカはねえ、もう最大のバブルだからさあ、いずれ国家破産するからね。あんな経済はねえ、君、成り立つわけがないんだよ。

「ドルさえ刷っておけば、いくらでも買い物ができる」なんて、みんな狂乱《きょうらん》してさあ、世界最大の強国だから、いくらでも刷って刷って刷って、「借金してでも物を買う」なんていうことを国民のなかに蔓延《まんえん》させたから、倫理《りんり》が麻痺《まひ》して、もう麻薬は流行《はや》るし、ありとあらゆる犯罪がはびこって……。

立木　いやいや。麻薬は関係ないと思います。

三重野　ええ?

立木　金融緩和《きんゆうかんわ》によって、デフレに突入《とつにゅう》することを避《さ》けたため、今、何とかもっているわけですよ。

三重野　やっぱりねえ、借金先行型の経済をやったら、必ず、そういう生活破綻《はたん》者が出て、犯罪人が増えるんだよ。

綾織　緊急避難《きんきゅうひなん》的には、十分にありうる政策だと思います。

三重野　それで、貧富の差が拡大して、強盗《ごうとう》などが増えて、〝火付盗賊改方《ひつけとうぞくあらためがた》〟が必要になってくるんだ。

立木　それは、金融政策の結果ではありませんよ。

三重野　うん？　だから、君らは、「天から金《かね》をばら撒《ま》け」って言ってるんだろう？これは、「鼠小僧《ねずみこぞう》をやれ」ということだな。

立木　そうではなくて、「金融緩和でお金を供給し、企業《きぎょう》にもきちんとお金が行き渡《わた》るようにして、経済活動を活性化させよう」と申し上げているわけです。やはり、統制経済では駄目《だめ》ですよ。

三重野　いやあ、いやあ、いやあ、いやあ、いやあ、まあ、百歩譲《ゆず》るとしてもだねえ、

「統制経済がいい」とは言わんけど、実体経済を伴《ともな》わねばならない。日銀総裁としては、それ（金融緩和）を許すわけにはいかん。

立木　しかし、実体経済を支えるのが金融ですよ。

三重野　だから、「公的な場に出るときは、ちゃんと背広にネクタイを着けなさい」ということだ。これが実体経済である。

それを浴衣《ゆかた》で出てきて、ちゃらちゃらしたら、やっぱり許されないわけだよ。

立木　私どもは、別に、「野放図《のほうず》にどんどんお金を刷ったらいい」と言っているわけではなくて、適正な……。

三重野　君らは、もう、ほんとに、「日本の国を借金大国にしよう」と考えてる悪いやつらだろう？　鬼平《おにへい》としては、これは退治しないといかん。

立木　いやいや、借金も減らさなければいけませんが、それを性急に求めて景気を悪くしたら、元も子もないでしょう。

三重野　そう言って、十年、二十年、三十年とたつうちに、借金が火ダルマみたいに大きくなっていくんだよな。

立木　それは、経済パフォーマンス（実績）が悪いために、そのようになっているわけですよ。経済が成長しないと、税収が伸《の》びないんです。

景気がよくない状況《じょうきょう》になっているのは、結局、日銀が、きちんとデフレから脱却《だっきゃく》させないからですよ。

三重野　うーん、そういう場合は、重要官庁を潰《つぶ》して日銀の傘下《さんか》に吸収すれば、いいんじゃないかなあ。

立木　それだと、もっともっと悲惨《ひさん》なことになりますよ。

三重野　ん？　各省を日銀の局として置けば、いいんじゃないか。

立木　いやいや、日銀に考えを改めていただいて、適正なインフレに持っていっていただく必要があります。

バカな政府から日銀を守るのが「日銀の独立性」なのか

三重野　いや、君ねえ、日本に「法王」は二人も要《い》らないのだよ。日銀総裁が法王をやってるんだからさあ、やっぱり、「法王」と「天皇」みたいなのが両方あるのはよくない。まあ、天皇というか、首相か。首相と、日銀法王と、二人は要らないんだよ。首相ってのは素人《しろうと》だろう？　あれは、票を取るだけの専門職だからさあ、選挙マンだよな。

立木　ええ。

三重野　あれは、クビを切られるためだけに存在してるから、今のあり方は正しいんだ。

フランス革命は続いてるんだよ。日本の総理は、毎年クビを切られてる。民主主義っていうのは、トップのクビを切って楽しむゲームなんだよ。

だから、それは、ちゃんと機能してるんだよ。つまり、クビを切られない日銀総裁こそ、真の実力者なんだ。

立木　ただ、今は日銀の仕事が悪いので、むしろ、「日銀をなくして、民間銀行に通貨発行権を認めたほうが、適正なお金が市場に流れるのではないか」という考え方を、私どもはしているのです。

三重野　君ねえ、企業が株を発行することだって「けしからん」と言ってる男がさあ、それを認めると思うか。ええ？

立木　やはり、そういう考え方が、もう旧《ふる》いわけです。それは経済繁栄を阻害《そがい》する考え方ですよね。

三重野　まあ、メガバンクだか何だか知らんけどさあ、あんなもん、私の一存で、「潰そう」と思ったらいつでも潰せるような、蟻《あり》ん子みたいな銀行なんだからさあ。

立木　そういう「上から目線」の見方が、よろしくないのではありませんか。

三重野　「上から目線」って、日銀というのは「上から目線」の人以外は入らないんだよ（会場笑）。

綾織　今、「日銀の独立性」ということが問題になっているわけですけれども……。

三重野　いやあ！　問題じゃない！　「重大になっていますが」と言え！

綾織　はいはい。「もっと日銀の独立性を高めていく」というお考えなんですね。

三重野　もちろん、そのとおりだ！　だってさあ、政府の影響《えいきょう》を受けたら、バカに支配されるじゃないか。「バカから日銀を守る」っていうことが、「日銀の独立性」っていうことなんだよ。

「バカは介入《かいにゅう》するな。日銀に口を出すな。こういう賢《かしこ》い専門家集団がいるから、ここさえ生き残れば、あとはどんなバカが政治をやっても、日本は潰れない」

これが「日銀の独立性」の真なる意味であって、日本国民を守っているのが私たちなんだ。

綾織　例えば、今、日銀総裁の人事は国会の承認案件になっていますけれども、こういったものもなくしたほうがいいわけですね。

三重野　いやあ、それはさあ、働いてるところを見せるためだったら、ちょっとぐらいはテレビに出るよ、私だってね。

綾織　はい。

三重野　いちおう、「分からない言葉でしゃべらなければいけない」という不文律があるから、ライターにちゃんと原稿《げんこう》を書かせて、絶対に意味が分からない文章になるように努力して、その分からん言葉を、マスコミが解説して飯が食えるようにしてやってるんだよ。

日銀総裁は入行時にだいたい決まっている

綾織　来年、日銀総裁の人事があるため、白川総裁は代わることになると思いますが、これについても、国会が、「新総裁を認めるか、認めないか」というところで人事権を握《にぎ》っています。

三重野　国会なんか関係ねえんだよ。そんなもん、潰しちゃえ。

綾織　潰してしまう？

三重野　日銀が独自に決めたらいいじゃない。そんなの当たり前じゃねえか。

綾織　国会の同意は、もう要らない？

三重野　要らねえよ、あんなもん。日銀が決めたらいいじゃないか。まあ、日銀総裁になる人なんか、最初から決まってるんだからさあ。

立木　次は、どなたが総裁になるのですか。

三重野　え？　知らねえけど、入行時から、プリンスはだいたい決まってるんだよ。俺なんか、一高《いちこう》の寮長《りょうちょう》をしてたから、もう、最初から決まってたんだ。

綾織　そういうので決まるわけですか。

三重野　もう、最初から決まってる。〝貴族の世界〟だから、あまり、はしたない競争をしちゃいけないんだよ。最初から決まってると、争いがない。天皇家と一緒だな。

立木　能力に関係なくポストに就《つ》くわけですか。

三重野　能力は、最初から決まってるんだよ。

立木　能力があるかどうかは、競争をしないと分からないのではありませんか。

三重野　いや、最初から、入ったときに能力が決まってることになってる。

立木　それは、学校の成績ですよね？

三重野　まあ、決まってることになってるんだ。

立木　学校の成績だけでは、「能力があるかどうか」は分かりません。

三重野　だから、前総裁が引っ張った人が上がることになってるんだよ。それが能力。

立木　要するに、「能力に関係なく、貴族社会のように『誰《だれ》が日銀総裁になるか』が決まっており、そういう人がポストに就いていて、日本経済を駄目にしている」という図式ですね？

三重野　まあ、とにかく、入行後、しばらくして、日銀総裁の秘書をやらなければならないわけよ。その経験をすることが、まず大事だな。

それで、そのときの日銀総裁の眼鏡《めがね》にかなうことが大事だ。「これは筋がいい。いける」ということになれば、そのあと、いちおう、総裁レースのいちばんいい路線を走れるわけだ。

立木　そうすると、「日本の経済が分かっている」とか、「経済学を知っている」とかいうことが、日銀総裁の条件ではないわけですね？

三重野　経済学が分かってるやつは、評論家とか学者とかになればいいじゃないか。

立木　しかし、日本の実体経済や金融のことをよく知っているからこそ、「どうすべきか」という判断ができるのではないですか。

三重野　日銀はねえ、基本的に大相撲《おおずもう》なんだよ。「いかに、まわしを取って投げ飛ばすか」ということが大事なのであってね。つまり、銀行たちを投げ飛ばして、押《お》さえ込《こ》むことが日銀の仕事であって、そういうのは評論家や学者がやればいい。日銀は勉強するところじゃないんだ。

立木　やはり、銀行が活発に活動しないと、経済は活性化しません。銀行を統制するだけであれば、日銀は要らないのではありませんか。

三重野　いやあ、「銀行が働いとるかどうか」は見張っとるよ。それは見張っとる。

物価が上がると、「経営者はずるをする」？

綾織　その先の一般《いっぱん》企業のところは、あまり視野に入っていないようですが。

三重野　君ねえ、分かっとらんなあ。だから、「物価の安定」というのを、日銀が頑張って、戦後ずうっと一貫《いっかん》して守ってるわけだよ。

「物価を安定させる」というのは、将棋《しょうぎ》で言えば、「ルールを変えない」ということだ。碁《ご》で言っても、「ルールを変えない」ということであるわけよ。

ルールさえ変えなければ、頑張って働いた者は、収入が上がって、会社は大きくなる。ルールを変えられたら、もう、目茶苦茶《めちゃくちゃ》になるじゃないか。

綾織　私は、「緩《ゆる》やかに成長していく」ということが、「ルールを変えない」ということだと思いますけれどもね。

三重野　いや、だから、物価を上げれば、みんな、ずるをして成長するわけよ。分かる？

立木　ずるくはないですよ。

三重野　物価が上がれば、基本的に売り上げが上がるじゃないか。

立木　別に、売り上げが上がってもよいではないですか。

三重野　だから、「自分の腕《うで》がいい」と信じるバカ社長が出てくるじゃないか。

綾織　そういう会社は不況期には淘汰《とうた》されるので、それで構わないと思います。

三重野　しかし、物価を上げないようにすれば、みんな同じ条件になるから、物価が上がらない条件のなかで売り上げを上げたら、そいつは偉《えら》いわけよ。
立木 「民間経済をコントロールしよう」と思わないほうがいいですよ。
三重野 物価を上げたら、全部の会社の売り上げが上がって、社長が成功したことになる。
立木 いいえ。そのなかでも、経営には、「うまい、下手《へた》」がありますから、必ずしも、そうとは言えませんよ。会社の経営にまで、日銀が介入すべきではないと思います。
三重野 いやあ、統制経済っちゅうのは、お節介なんだよなあ。
立木 もう、大《だい》お節介ですね。
三重野 お節介なんだ。
綾織 今、日本は経済大国になっているので、戦後まもないころの統制経済的な考え方は、もう通用しません。

「インフレは悪魔《あくま》」という抜《ぬ》きがたい信念

三重野　あのね？　「ゼロ金利」っていうのは、おかしいと思わない？　おかしいよな。

立木　おかしくないです。

三重野　いや、絶対おかしいよ。

立木　いやいや、おかしくないです。

三重野　あのねえ、「ゼロ金利」っていうのは、基本的に、「日銀は要らない」っていうことなんだよ。

立木　そうです。

三重野　「ゼロ金利」だと、日銀が要らなくなるんだよ。だから、金利を上げたり下げたりしなきゃいけないんだ。君ねえ、やっぱり、これをやらなければいかんのだよ。

立木　日銀は、今、「ゼロ金利」に加えて、「量的緩和」も行っていますが、これについては、どうですか。

三重野　うーん。まあ……。

立木　よく分からないのですか。

三重野　これはなあ……。いやあ、失礼、失礼。

立木　「時間軸《じく》政策」（注。中央銀行が「ゼロ金利を将来にわたって維持《いじ》する」と公約して実施《じっし》する政策）とかをやっていますよね？

三重野　失礼なことを言っちゃいけないけど、君ねえ、「量的緩和」というのは、円が紙くずになっていく道なんだよ。

短期的にはいいよ。だからさあ、それは頓服《とんぷく》っていうやつだな。急に効くやつだ。下痢《げり》したら正露丸《せいろがん》。便秘したら大甘丸《だいかんがん》。そして、何だ？　高血圧には減塩。低血圧には……。

立木　鉄分ですか。

三重野　飴《あめ》、飴。砂糖。

特効薬は、いろいろあるからさあ、そういうのがあるのは分かる。ただ、一時的にはいいけど、長くやったら、やっぱり、成人病になっちゃうよな。生活習慣病かな？それは知らんけど、そういうもんになるからさ。

今の「ゼロ金利」を続けていたら、もう、日銀の仕事はない。だから、「量的緩和をして、金を出せ」と言ってるやつを、「いやよ、いやよ」と言って、ふんどしを取らずに頑張るのが、日銀の仕事なんだよ。これで給料をもらってるんだから、ふんどしを取ったら負けだ。

立木　そうではなく、「インフレ率を適正なレベルに持っていく」ということを考えなければ駄目ではないですか。

三重野　いやあ、その「インフレ」って言葉は、もう聞きたくない。ま、ま、間違い。「インフレ」ってのは〝悪魔《あくま》〟です。ああ、もう駄目です。

立木　いえいえ。経済は、やはり、拡大を目指さなければいけません。

三重野　君らには経験がないから、「インフレ」なんていう言葉を安易に使うんだよ。

立木　確かに、ハイパーインフレは駄目ですが、適正なインフレ率というのはあるわけですよ。諸外国では、二パーセントから三パーセントのインフレ率を目標として掲げているんです。

三重野　いやあ、そういう〝欲望の経済学〟に入ったら、「適正なインフレ」なんて言ったって、すぐ踏《ふ》み破るんだよ。囲いがなかったら、羊だって豚《ぶた》だって、すぐ盗《ぬす》まれるよ。「一匹《いっぴき》だけにしときます」と言ってね。

あのね？「穴が開いてるから、囲いに入って、豚一匹だけ取ってくることは許されます」っていうのが、「インフレ率を一パーセント上げる」っていうことなんだよ。

しかし、その一人は一匹で満足するけども、ほかの人もいるからね。例えば、「俺だって、一匹だけだったら構わないだろう」と思って、豚を一匹盗む。そうやって、それぞれが一匹ずつ盗んでいったら、百匹いたって、ゼロになるんだ。これがインフレなんだよ。

立木　（苦笑）いや、それは違うと思います。

三重野　そうなんだよ。みんなに、いい顔をしたら、インフレが起きる。だから、日銀総裁は鬼みたいでなきゃいけない。鬼みたいな顔をしてると、みんな、「怖《こわ》いなあ」と思って恐《おそ》れる。これがいいんだなあ。

日本は「世界の五大国《ごたいこく》以上」になってはいけないのか

綾織　世界に対しては、どういう責任を負うべきだとお考えですか。先日、財務省は、ＩＭＦ（国際通貨基金）への資金協力を表明し、そのことが経済安定、金融安定の材料になりましたが、日銀は、日本の銀行しか見ていないように思えます。

三重野　うーん……、それは、日本銀行だから、しょうがないじゃないの？

綾織　ただ、日本は大国になっていますので、日銀の仕事のなかには、「世界の経済を支える」という部分もあると思います。

三重野　海外にも、日本の銀行がある所には、日銀の事務所があるけど、それは、日本の銀行の海外支店に接待してもらうためなんだよ。

だから、日銀の事務所の所長以下、お歴々を接待するのが、日本の銀行の海外支店の役割なんじゃないの？　うん。そういうことだよ。

日銀のニューヨーク事務所って、いちおうエリート・コースになっていて、二年間、俺もいたことになってるけど、あれは、接待されて日本食を食ってるだけだからさあ。

立木　海外事務所の役割は、本来、海外経済の動向をきちんとウオッチして……。

三重野　そんなの、分かるわけないじゃないか。

立木　分からない人が仕事をしては駄目ですよ。

三重野　絶対に分からない。だって、そんなことはさあ、日本の新聞を読めば書いてあるじゃないか。

立木　今は世界経済が一体化しているため、海外で起きた経済事象は、日本にも大きな影響を及《およ》ぼします。

三重野　日本が世界に影響力を持つこと自体、危険だから、そこまで持たないところで抑えておくことが大事で、やっぱり……。

立木　その発想が時代遅《おく》れです。

三重野　世界の五大国《ごたいこく》以上になってはいけないんだよ。やっぱり、それ以上になってはいけない。

綾織　そうすると、明治より前の時代が、理想的ですか。

三重野　日本が五大国に入るぐらいのとき（第一次大戦後）はよかった。世界のトップを狙《ねら》い始めたときに、転落が始まったわけだから、もう、そんなに狙わないで、五大国ぐらいのところで我慢《がまん》するんだよ。それが、いいんだ。

「豊かになると堕落《だらく》する」と考える三重野霊《れい》

綾織　日銀が景気の足を引っ張らなければ、日本は、簡単にアメリカに並ぶような国になれると思います。

この二十年間、日本は、日銀のおかげで、ずっと停滞《ていたい》を続けている状態ですよね？

三重野　なーに言ってるんだ。アメリカのまねをしたら、日本は、本当に、倫理の失われた、やくざの集団みたいになるよ。

立木　やはり、「アメリカには倫理がない」とお考えですか。

三重野　「日本の倫理を守る」っていうのが日銀なんだからさ。

立木　しかし、日銀は、中央銀行なのですから、そういう意味では、基本的に、倫理は関係ないのではありませんか。

三重野　いや、倫理はありますよ。倫理なんですよ。

経済に、倫理はとっくに入ってるのよ。私は、孔孟《こうもう》の道から始まって、古代からの人類を貫《つらぬ》く道を学んでるから、君らの本質と変わらないんだよ。

立木　倫理も大事ですが、問題は、その中身です。貨幣《かへい》経済が十分ではなかった時代の経済倫理を、今の時代にそのまま適応しても、幸福にはなれないと思います。

三重野　あの孔子様だって飢《う》えておられる。イエス・キリストだって飢えておられる。釈迦《しゃか》は、断食《だんじき》をされて、ひもじい思いをされた。ゴマ粒《つぶ》を食べて生きておった。そういう人たちが聖人になったんだから、もっと貧しくしてやったって、構わないんだよ。そうしたら、偉い人が出てくる。人間は、豊かにしたら、堕落《だらく》するんだよ。

立木　やはり、豊かさは駄目ですか。

三重野　駄目です。やっぱり、満州《まんしゅう》から引き揚《あ》げてきたときの、あの初心を忘れてはいかん。

立木　では、「今の北朝鮮《きたちょうせん》のような経済のほうがよい」ということですか。

三重野　北朝鮮……。

立木　貧乏《びんぼう》ですよ。貧しいですよ。それで聖人が出ますか。

三重野　……は、やっぱり、聖人を生む可能性がある国ではあるなあ。

立木　ああ、そうですか（苦笑）。

三重野　うん。だから、韓国《かんこく》は北朝鮮に学ぶべきだよ。そうしたら聖人が生まれる。あの貧しさのなかから、聖人が生まれるんだよ。

立木　それは少し違うのではないでしょうか。

日銀の使命は、「日銀券を金庫に収めておくこと」なのか

三重野　やっぱりね、お金はないほうがいいよ。あまり持ってはいけない。

立木　日銀総裁が、そんなことを言っていいのですか。

三重野　日銀券は、日銀の金庫のなかに収めておくべきだよ。外へ出しちゃいけない

んだ。
綾織　物々交換《こうかん》がいちばんいいわけですか。
三重野　いや、日銀券はあってもいいけど、飾《かざ》りでね、外に出さないのがいちばんだ。一万円札なんか人に与えちゃいけないよ。だから、もう、バラ銭《せん》というか、硬貨《こうか》で十分だよ。
綾織　ほうほう。
三重野　硬貨は、大蔵省の造幣局（現・独立行政法人造幣局）だな。あっちだけでやりゃええんだよ。一万円札を使うなんて、百年早い。
綾織　そうすると、江戸《えど》時代がよいのですか。あるいは、もっと昔がよいのですか。
三重野　まあ、そういうわけじゃないんだけどさ。とにかく、お金は魔物だからねえ、その魔物から人心を守ってやらなければいかんのだ。
綾織　なぜ、そこまで、お金を憎《にく》まれるのですか。

三重野　憎んでないよ。お金の価値を守ってるんじゃないか。何を言ってるんだ。かわいい娘《むすめ》は、「深窓《しんそう》の令嬢《れいじょう》」と言って、家から出さずに、いちばん奥《おく》に隠すだろうが。それとまったく一緒だ。お金は、かわいいから、隠してるんじゃないか。それが日銀の使命だ。だから、日銀は、襲《おそ》われないように、要塞《ようさい》みたいなつくりになってるんだよ。〝火付盗賊《ひつけとうぞく》〟に気をつけてね。

綾織　お金は流通してこそ、価値が出るわけですよね？　止まっていたら、意味がありません。

三重野　そんなことはない。お金は守ってこそ価値があるんだ。守ることに価値があるんだよ。

立木　その考え方を、どんどん推《お》し進めると、やはり、経済が貧しくなって、国民が苦しむことになると思います。

三重野　「貧しくなる」という意味が、私には分からないね。

立木　先ほど、「貧しいほうがいい」とおっしゃいましたよね？

三重野　歴史的に見れば、九十九パーセント、聖人は貧しいなかから生まれてるからね。「金持ちから聖人が生まれた」なんていう話は、ほとんど聞いたことがない。

立木　しかし、お金持ちでも、立派な業績を残した方はいらっしゃいますよね？　病人を救うとか、いろいろな施設をつくるとか、図書館をつくるとか、富でもって、世界に貢献《こうけん》した方もいらっしゃると思うのですが。

三重野　まあ、二宮尊徳《にのみやそんとく》をやりゃいいのよ。二宮尊徳をね。だから、お金なんか要らない。二宮尊徳なんだよ。価値は、自分で生み出したらいいんだ。自分でお米を穫《と》り、自分で菜種油《なたねあぶら》を絞《しぼ》り、薪《たきぎ》を背負い、開拓《かいたく》をし、実物をつくっていく。そういうことこそ、経済の真相なんだよ。

立木　それを支えるために、金融があるのではないですか。

三重野　お金なんか要らないのよ。

立木　いやいや。そんなことはありません。

三重野　人間は、お米と水と菜っ葉がありゃ、食っていけるんだ。

消費税増税は「浪費税《ろうひぜい》を上げる」のが正しい言い方？

綾織　話は変わりますが、今の民主党の野田政権が進めている「消費税増税」についてては、どうお考えですか。

三重野　さすがに、年を取って一線は退《しりぞ》いてるからな。もう、「間違ったことを言うといかん」と思うからさあ、慎重《しんちょう》でなきゃいけない。

「野田政権が消費税を上げようとしてる」って？

綾織　はい。この状況で消費税率を上げると、さらにデフレが進んでいくことが予想されます。

三重野　消費税を上げる……。消費税を上げる……。うーん、何か、「消費税」って響《ひび》きが悪いよね。ねえ？　「浪費税《ろうひぜい》を上げる」っていうのがいいね。

綾織　あ、「浪費税」が正しい言い方ですか。

三重野　うん。「浪費税」が正しい。浪費してるやつから、税金を取り上げる。これが本質だな。

立木　つまり、消費は悪ということですか。

三重野　いや、だから、「使っていい額は、このぐらい」って決めておかなきゃいけない。そして、それ以上使った者に対しては、税金がかかる。これで、いいんじゃないかな？　うん。「浪費税」だな。

綾織　生活必需品《ひつじゅひん》以外を買うのは、よろしくないことですか。

三重野　昔から、高額品には、ちゃんと贅沢税《ぜいたくぜい》みたいなものがかかってるじゃないか。

立木　しかし、最初は贅沢品に見えたものも、経済発展のなかで、だんだん普及《ふきゅう》していくと、大衆品になっていくわけです。ですから、いわゆる贅沢を否定してしまうと、経済発展のプロセスが進まなくなると思いますよ。

三重野　無限には発展しないんだよ。歴史は繰《く》り返すんだ。水車みたいに回転してるわけよ。だから、一定のところまで行ったら、もう一回クルッと回って、また水のなかをくぐらなきゃいけないわけだ。これが不況だね。水のなかをくぐって、また出てくるわけよ。水車みたいなもんだ。〝二宮尊徳さんの思想〟だな。水車みたいに回転しなきゃいけない。

不況は、やっぱり必要なんだよ。ときどき、引き締めをしなきゃいけない。

立木　景気に上がり下がりがあるのは認めますが、ただ、長い目で見ると、経済のレベルは上がっていくわけですよね？

三重野　君らみたいな、バ、バ、バブル論者はねえ、絶対に、一名たりとも、日銀には入《い》れんぞ。

立木　いえいえいえいえ（笑）。別に日銀に入りたいと思いません。

5　三重野氏の「霊的本質《れいてき》」を判定《ジャッジ》する

地獄《じごく》の閻魔庁《えんまちょう》から「召喚状《しょうかんじょう》」が来ている

綾織　今日は、重要かつ貴重な機会ですので、ぜひ、今後の三重野さんのことも考えたいと思うのですが。

三重野　今後の？

綾織　はい。これまでのお話から、三重野さんの〝功績〟というか、どういう仕事をされたかが分かりました。結局、あなたの「バブル潰《つぶ》し」によって長期不況《ふきょう》が起き、たくさんの会社が倒産《とうさん》して大勢の失業者が生まれたわけですが、そのため、多くの人々から、恨《うら》みの念のようなものを受けておられるのではないかと思います。
したがって、それに対する反省というか、何らかの総括《そうかつ》がなければ、今後、あまりよい世界には還《かえ》れないのではないかと心配なのです。

三重野　いや、もう「召喚状《しょうかんじょう》」が来てるから、行き先は、だいたい分かってはいる。

綾織　誰《だれ》から来ていますか。

三重野　誰かは知らんけど、とにかく閻魔庁《えんまちょう》から来てる。

綾織　閻魔庁から？

三重野　閻魔庁から来てるから、わしは、閻魔様の一人になるんだろうと思うなあ。

綾織　なるほど……。

三重野　だから、地獄《じごく》に行ってだな、金の亡者《もうじゃ》たちを取り締《し》まって、頭をガンガン殴《なぐ》る役を……。

立木　「地獄の鬼《おに》になる」ということですか。

三重野　あのー、裁判官になると思うなあ。彼らの罪業《ざいごう》の深さを判定してやってだね、

「どの程度、お仕置きするか」を決める役だと思うな、たぶん。

綾織　もともと、そういう魂《たましい》の方なのでしょうか。

三重野　うん？

綾織　つまり、富の取り締まりというか、お金持ちを取り締まるような仕事をされている魂なのでしょうか。

三重野　それって何？「貧乏神《びんぼうがみ》かどうか」を確認してるのか。

綾織　まあ、そうですね（笑）（会場笑）。

三重野　日銀総裁が貧乏神であるわけがないじゃないか。

立木　でも、先ほど、「貧乏が好きだ」とおっしゃいましたよね？

三重野　貧乏神じゃないんだよ。日銀は、金のかたまりなんだから、一万円札の山の、その〝富士山〟の頂点に住んでるやつが、豪華《ごうか》、奢侈《しゃし》、贅沢《ぜいたく》をしてるように見えるのはよろしくない。要するに、倫理《りんり》が腐敗《ふはい》するので、質素倹約《しっそけんやく》、質実剛健《しつじつごうけん》に見せることが大事なのであって、わしは貧乏神ではないんだ。

綾織　「大貧乏神」というものもありますが、そのあたりの方でしょうか。

三重野　わしは、やっぱり、戦後体験がトラウマになって残ってるからね。うーん。エリートだった満鉄《まんてつ》がなあ……。「満州鉄道に就職する」っていうことは、もう、大エリートだったのに、あれが、あっけなく、なくなっていくのを見たからさあ。

それから、大蔵省が、橋本さん（橋本龍太郎《りゅうたろう》元総理）に、名前を財務省に変えられてね。あの奈良《なら》時代から続いてる役所の看板を掛け替えられてさあ。

何だか、いろんなものがなくなってしまうと、赤い夕陽《ゆうひ》のあとになって、こんな（机の上にある『赤い夕陽のあとに』を手に取り）、さみしい題の自伝を書いてるじゃないか。なあ？　俺《おれ》がいかに謙虚《けんきょ》な人物か、これを見ても分かるだろう。

それで、赤い夕陽のあとに来るものは何だ？

立木　暗闇《くらやみ》ですね。

三重野　そうだなあ。夜が来る。夜がやって来る……。何か、そんな感じだな。俺の自己イメージは、赤い夕陽なんだなあ。

それから、あとに来るものは何だろうな？

立木　その結果、日本経済は闇に沈《しず》んだわけですね。

三重野　うーん。俺が沈めた？　いや、澄田《すみた》が先に総裁になってなくて、俺がなっとれば、俺は好景気の立役者《たてやくしゃ》になったかもしれないからなあ。うん。だから、ほんのちょっと制度が悪いよな。

立木　（苦笑）そうではなくて、やはり、判断ミスをしたからではないでしょうか。

よみがえってくる「過去世《かこぜ》の記憶《きおく》」

綾織　あなたの場合、霊的《れいてき》な認識もおありのようですので……。

三重野　うん、そうだ。だから、俺は、時代が変われば、たぶん、孔子《こうし》みたいな人間なんじゃないかと思うんだよ。

綾織　孔子は、必ずしも経済原理を否定されていません。

三重野　ああ、そうか。

綾織　過去の転生《てんしょう》でも、かなり活躍《かつやく》されたと想像しますが。

立木　過去世《かこぜ》では、どんな仕事をされましたか。

三重野　うーん。まだ（死んで）二週間ちょっとらしいからさ。君ら、ちょっと、無理を言うてるかもしれない。

綾織　守護霊《しゅごれい》とは、まだお会いになっていませんか。

三重野　教えてもらわないと分からないので、ちょっと、無理を言うとるかもしらんが、でも……。

綾織　今、何となく、思い出してきたりしませんか。

三重野　ちょっと待ってくれない？　ちょっと、今、（別の霊が）来とるからさあ。訊《き》いてみるからさあ。

俺、何だったんだろう？　ん？　何をやった？　何？　ん？　ん？　ん？　うーん？　うーん？　えー、うーん……。何だかね、うん、うん、あれ？　おかしいなあ。何となく矛盾《むじゅん》してるんだ。よく分からないなあ。これ、ほんとかな？　嘘《うそ》かな？

いやあ、何か、心が複雑に屈折《くっせつ》してるんだよ。「平安の貴族社会を当然に思う」というような気持ちと、「それが間違《まちが》っているから、ぶっ潰して、武士の世にしなきゃいけない」というような気持ちと、両方が綯《な》い交《ま》ぜになってくるような感触《かんしょく》があるんだ。

俺は何なんだ？　これは、いったい何なんだろう？

立木　源平《げんぺい》のころにいらっしゃったのですか。

三重野　ん？

綾織　平家には、貴族と武家の両方の要素が入っていますよね。

三重野　じゃあ、これは平家かなあ。平安の貴族社会に、何となく親和性があるというか、知ってる感じがするんだよ。知ってるにもかかわらず、「それは、いけない」っていう感じが、もう一つあるんだよ。同時に存在するんだ。

綾織　（党首を指して）この方はご存じですか。（注。以前の霊言《れいげん》で、ある霊人から、「立木党首の過去世は源 義経《みなもとのよしつね》」と言われたことがある。）

三重野　うーん……。何となく嫌《いや》な感じはするなあ。

綾織　ほお。

三重野　もしかして、ものすごい、天下の大悪人のあいつか！

立木　やはり、平家でいらっしゃったのですか。

三重野　おまえ、もしかしたら、平安時代を終わらせた人間じゃないか。ううーん？それは、いかんなあ。

立木　（苦笑）

三重野　大勢の人を殺《あや》めただろう？　監獄《かんごく》へ送って、絞首刑《こうしゅけい》にしなきゃいかん。

立木　時代を拓《ひら》くためには、戦いも必要だったのです。

三重野　さっきから俺の所に来てる〝レター〟には、「立木を絞首刑にしろ！」っていうのが、いっぱい書いてあるねえ。何でだろう。何で、こんなのが出てきてるんだ？　やっぱり、そういうことなんだ。おまえは、大勢の人を殺したんだ。だから、反省しなきゃいかんのだ。

立木　いやいやいやいやいや。

三重野　絞首刑の演技でもしてね、間違えてタガが外れて、ここ（首）が、ほんとに絞《し》まって死んでしまったりすると、罪が一つ消えるよ。（注。本霊言の五日前、「丹波《たんば》哲郎《てつろう》の霊言」を収録したところ、映画「ファイナル・ジャッジメント」のPR映像に立木党首を出演させ、絞首刑になる役を演じさせてはどうかというアドバイスを受け

た。『丹波哲郎 大霊界からのメッセージ』（幸福の科学出版刊）参照）

立木　しかし、平家の武将として、あなたも大勢の人を殺したのではないですか。

三重野　わしは、貴族化したような気がするんだよな。貴族化したけど、やっぱり、武士であって……。あれー、でも、何だか、滅《ほろ》びを見たような気もするなあ。そうね。今は、安徳帝《あんとくてい》が生まれていらっしゃるし、建礼門院《けんれいもんいん》様も生まれていらっしゃるでしょう。そうすると、時代的には合ってるんじゃないの？　安徳帝が、今、皇太子をされておるんでしょう？　「その方が次の天皇陛下になられようとしているときに、私が時代を沈めようとしてる」と、あんたがたは判断しておられるわけだね？

立木　そうです。

「バブル潰《つぶ》し」は平家時代のカルマだった

三重野　おおー。じゃあ、「驕《おご》る平家は久しからず」の、驕る平家ということになるな。

平家で驕ったのは誰だろうなあ。
お金を奢《おご》ってくれるのならいいけど、驕り高ぶるのはよくないなあ。

立木　そうですね。

三重野　平家、平家、平家で……。平家は、いい人ばっかりだった。日銀のように、いい人が多かったはずなんだがなあ。おかしいなあ。

立木　貴族化して驕ってしまったので、人々の反感を買ったのでしょうね。

三重野　殿中《でんちゅう》で悪い文化に染まったんだよ。宮中文化に染まったために、武士として腐敗したんだな。

だから、やっぱり、統制経済をしなきゃいけないね。お金が集まると、必ず、ああなるんだよ。お金が集まると、必ず、貴族がいっぱいできて〝雅《みやび》の世界〟をやるから、それで堕落《だらく》するんだ。そうすると、源氏みたいなゲジゲジ虫がいっぱい寄ってきて、倒《たお》しにくるんだよ。なあ?

立木　平家は堕落したので、交替《こうたい》してもらわなければいけなかったのです。

三重野　うーん……。何となく、壇《だん》ノ浦《うら》まで記憶《きおく》があるような気がするなあ。

綾織　平清盛《たいらのきよもり》が亡《な》くなったあとの、平家のトップでしょうか。

三重野　わしも詳《くわ》しくは分からんのだ。

（上を指差して）「今、NHKの大河《たいが》ドラマをやってる」と（誰かが）言うとるがね。「まだ終わってないから、今、それを発表してはいけないんだ」ってさ。「『これが三重野だ』って言ったら、視聴率《しちょうりつ》がもっと下がるかもしれないので（会場笑）、それを言ってはいけない」っていうことになってるらしい。

だけど、何か、壇ノ浦までいたような気がする。あのとき、潮流が変わったんだよな。勝てるはずの戦《いくさ》で優勢《ゆうせい》だったような気がしたのに、潮流が変わってさあ。

何だか、ノミみたいな男がピョンピョン飛ぶんだよ（注。源義経は「八艘跳《はっそうと》び」で有名）。ピョンピョン飛ぶのがおって、あれは、嫌らしいやつだった。「あいつを射落とせ！」って何回も言ったんだけど、あのノミ男は、うまいことかわしよるんだよ。

あれ、何なんだ？　あの反《そ》っ歯《ぱ》の変な男は？　あいつにやられたんだよ。
（立木に）今、同じような仕事をしてるんじゃねえだろうな？　もしかして、これが、そうか。

立木　そうかもしれません。今、まさに、間違った金融《きんゆう》政策の流れを断ち切ろうとしていますからね。

三重野　君ぃ、日銀を〝壇ノ浦〟に追い込《こ》むやつは許さんぞ！

立木　いいえ、追い込んでいきます。

三重野　日銀と日本経済を〝壇ノ浦〟に追い込むんだったら、君ぃ、それは許さんぞ！

立木　それを経て、日本経済は新しく立ち直り、再生するのです。

三重野　ああ、何だか、安徳帝や建礼門院と顔見知りで、壇ノ浦までの記憶があるなあ。それで、「勝てる」と思ってたのに、何だか、あっけなくやられていく感じがある。これ、何だったんだろうなあ。潮流が変わった感じがするのと、妙《みょう》に跳《は》ねる、うっとうしいやつがいたような気がする。

　負けるはずがない戦《いくさ》に負けた責任が、わしにかかってくる感じがするから、それで、「バブルを慎《つつし》め」って言ってる気がする。「バブルはいけない。奢侈に走って貴族社会にまみれると、潰してしまうぞ」という声が聴《き》こえるんだよなあ。

立木　古代の貴族社会と、近代の資本主義の繁栄《はんえい》は違います。

三重野　一緒《いっしょ》じゃないのか。

立木　その違いを、きちんと認識しないといけません。

三重野　君ぃ、敗戦後を知っている人から見たら、今の社会は、もう、かなり堕落した社会だよ。

立木　それでは、繁栄を否定することになります。

三重野　だから、繁栄がいいとは限らないんだよ。

立木　いえいえ。繁栄は努力の結果です。

三重野　滅びはつらいよ。君、滅びを経験したら、ほんとに、仏教に入りたくなるよ。

立木　まあ、仏教も大事ですけれども……。

三重野「祇園精舎《ぎおんしょうじゃ》の鐘《かね》の声」か何か知らんが、ほんとだよ。だから、君ね、平家が仏教を広めたんだよ。平家が滅びて、「諸行無常《しょぎょうむじょう》」ということが世に知れ渡《わた》って、日本中に知れ渡って、鎌倉《かまくら》時代に仏教が流行《はや》ったんだ。平家のおかげで仏教が流行ったんだから、鎌倉仏教が栄えたのは、ある意味では、私のおかげかもしれないなあ。

綾織　直接は関係ないと思いますよ。

立木　やはり、お坊《ぼう》さんたちが頑張《がんば》ったのだと思います。そういう言い方は、少し、牽強付会《けんきょうふかい》（こじつけ）ではないでしょうか。

綾織「これから、平家の時代が終わって、新しい源氏の時代が来る」という、象徴《しょうちょう》でもあると思いますよ。

三重野　うーん。源平から来るとはなあ。源平……。いやあ、黄金《おうごん》時代も経験したんだよ。黄金時代を経験した覚えがある。

綾織　そこで、驕りすぎたわけですね。

立木　やはり、正しい経済繁栄というものを知っていただきたいと思います。

三重野　あれはバブル期だな。バブル経済。「飛ぶ鳥を落とす勢い」を経験した覚えがある。「日の出の勢い」っていうかなあ。わしには、「平家に非《あら》ずんば人に非ず」の時代を経験した覚えがあるなあ。うーん。それから没落《ぼつらく》までの時間はものすごく早かったけど、今の日本も、そんな感じかなあ。

立木　いえいえ。

三重野元総裁は「赤鬼《あかおに》」、佐高信《さたかまこと》氏は「青鬼《あおおに》の小鬼《こおに》」

立木　平家の場合、驕って没落したのは自業自得《じごうじとく》です。しかし、日本経済が没落したのは、国民の自業自得というよりも、三重野元総裁が間違った判断をし、変なことをしたからですよ。
三重野　じゃあ、もし、わしが何もしなかったら、どうなったかっていうと……。
まあ、極端《きょくたん》な投機をした人は、損をしただろうな。それは間違いないとは思うが、確かに、普通《ふつう》の株式投資をしている一般《いっぱん》レベルの人たちまで、そんなに大きな痛手は食わなかったかもしれないのかなあ。
立木　そうですね。損失は抑《おさ》えられたと思います。
三重野　株価が二万円を切ったときには、さすがに俺だって顔色は変わったんだよ。ここまで落ちるとは思っていなかったからさ。さらに、一万円を切るところまで行くなんて、ちょっと想像しなかったなあ。
立木　しかし、あなたは、株価が最高値《さいたかね》から二割、三割下がったときも、〇・七五パーセントとか、平気で利上げをされましたよね?
三重野　うーん、まあ、それは、「まだ初期症状《しょうじょう》だ」と思ってたからな。「すぐ反転する」と思って……。

立木　株価が下がるのは、経済が落ちていく兆候です。だから、判断が甘《あま》かったというか、間違っていたのです。

三重野　いや、聞いたことはあるよ。「幸福の科学の講演会で、日銀や大蔵省の『バブル潰し』を批判してるらしい」っていうのは聞いたけど、「そこもバブル宗教だ」っていう話だったからな。

立木　その認識は間違っていますね。

三重野　「バブルにして、金儲《かねもう》けしようとしてる宗教だ」っていう話だったからさあ。

綾織　いいえ、当会には実体があります。信者がたくさん集まっているだけのことです。

三重野　うーん。

綾織　今日は、本当に……。

三重野　佐高信《さたかまこと》（守護霊）が、最近、挨拶《あいさつ》したんじゃないか。
あれが、わしのことを「鬼平《おにへい》」って言うて、称《たた》えてくれて……。

綾織　あなたが「鬼そのもの」であることがよく分かりました。

三重野　あいつも鬼だよ。あいつも鬼なんだよ。小鬼《こおに》だけどさあ、いちおう鬼だ。
俺は赤鬼《あかおに》だよ。

綾織　三重野元総裁は赤鬼ですか。

三重野　うん。でも、あれ（佐高氏）は青鬼《あおおに》だよ。

立木　なるほど（笑）（会場笑）。

三重野　あれも、もうちょっとしたら引っ張っていくけど、鬼だよ。君らは、「右翼《うよく》か、左翼か」って考えるかもしらんけど、世の中には、鬼という一族もいることを知っておいたほうがいいよ。鬼は、鉄棒で人の頭を粉々に叩《たた》き潰すことに生きがいを感じてるからさあ。

綾織　過去世の平家時代も含《ふく》めて、ぜひ、人生を反省していただきたいと思います。

三重野　（机の上の資料を見て）これ、何？　「ファイナル・ジャッジメント」って何だよ。何なんだ、これは？

立木　「三重野元総裁は赤鬼だった」という判定が出たと思います。

三重野　赤鬼？　これがファイナル・ジャッジメントか。顔を見たら、そうじゃないの？元から分かってるじゃないの？　こんなこと（会場笑）。

俺は、酒を飲んだら、赤鬼になるんだよ。そんなこと、最初から分かってることじゃないか。俺の顔を見たら、赤鬼じゃないの？　これで、服を脱《ぬ》いで、かっぽれ踊《おど》りを始めたら、赤鬼のふんどし踊りが始まるわけだ。ただ、君ね、「ふんどしを取ったらいかん」という決まりはあるよ。

立木　それは、そうかもしれませんが、お金は、市中にどんどん供給できるようにしたいと思います。

あくまでも「バブル潰《つぶ》し」を正当化する三重野霊《れい》

三重野　やっぱり、休肝日《きゅうかんび》を設《もう》けてね、週に一回ぐらいは酒を飲むのをやめなさいよ。それは大事なことだからね。

日銀のみなさんにも、毎日は飲まんように言うとかないといけないな。やっぱり、毎日はいかん。二日酔《ふつかよ》いの頭で、経済指導をしてはいかんよ。それは大事なことだよな。

財務省の諸君も、毎晩、接待を受けてた時代があったが、それは、よくない。その倫理を正したのは、私だからさ。私が引き締めをやってから、財務省の接待が激減したんだ。ＭＯＦ《モフ》担《たん》っていうのが激減しただろう？（注。ＭＯＦは、大蔵省〔現財務省〕（Ministry of Finance）の略。）

昔は、銀行の支店長か、あるいはＭＯＦ担のエリートが接待し、「銀座で金を落としたら頭取《とうどり》になれる」っていうことになっていて、接待役が頭取になれた時代があったが、そういうのは悪い時代だから、俺たちは、一生懸命《いっしょうけんめい》、締め上げたわけだ。だから、財務省の実入《みい》りが減ったわけだよね。彼らは、人の金で遊ぶのに慣れてたんだよなあ。それがあまりできなくなって、今、面白《おもしろ》くない。全然面白くないのよ。それで、せめて税金でも上げて、庶民《しょみん》をいじめたいわけよ。

立木　そうすると、増税の責任は、三重野元総裁にもあるわけですか。

三重野　彼らは、庶民をいじめたいんだろうね。

増税の責任が、俺にあるかどうか？　それは分かんないけどさあ。

ただ、少なくとも、俺は、「一九八九年で日本の経済はピークだ」と見たから、それ以上、発展させる気はなかった。それは、はっきりしている。これ以上、発展したら、平家の二の舞《まい》になるから、そうはしたくなかったので、そこでブレーキを踏《ふ》んだ。だから、日本は沈まずに、いまだに続いてるんじゃないか。赤い夕陽が……。

立木　いや、その結果として、たくさんの人が苦しんでいます。

三重野　赤い夕陽がまだ煌々《こうこう》と……。

立木　怨嗟《えんさ》の声が、これから、あなたのところに届くと思います。

三重野　赤い夕陽はまだ上がってるんだ。沈んでいない。

立木　いやいや。日本は、陽が沈んで、暗闇をかなり経験しました。それを招いたことへの反省を、ぜひ、あの世でしていただければと思います。

三重野　あのね？　日銀だけでは限界があるよ。それは、財務省にも関係があるし、政治家にも関係があるし、マスコミにも関係があるからさ。

立木　確かに、財務省などにも関係がありますが、日本経済の舵取《かじと》りをする重要な一角として、日銀も存在するはずです。

三重野　いやあ、俺は、まもなく忙《いそが》しくなるから、鉄棒を仕入れなきゃいかん。鉄棒の仕入れ代金は、どこから調達したらいいんだ？

綾織　（苦笑）ぜひ、還るべき所に還っていただいて、できるだけ、地上に影響《えいきょう》を及《およ》ぼさないようにしていただけると非常にありがたいと思います。

三重野　とにかく、金持ちの亡者みたいなやつをとっ捕《つか》まえてさあ、そいつの頭を叩き割るのが、これからの仕事なんだよ。それを、やらなきゃいかん。赤鬼だからさあ、当然、虎《とら》の皮のパンツも欲《ほ》しいな。

立木　（苦笑）（会場笑）

三重野　ぜひ送ってくれ。鉄棒って一本いくらぐらいするんだ？　教えてくれんのか。

立木　分かりません（笑）。

三重野　物価を安定させたわしとしては、安く仕入れられるんじゃないかと思うなあ。

三重野氏に下った「ファイナル・ジャッジメント」

綾織　今回は、三重野元総裁の「ファイナル・ジャッジメント」として、非常に貴重な機会になったと思います。

三重野　これが「ファイナル・ジャッジメント」なのか。

綾織　はい、そうです。

三重野　そうなのか。

綾織　ありがとうございました。

三重野　これが「ファイナル・ジャッジメント」？　まあ、いいように宣伝してくれ。わしが赤鬼だったら、今の総裁（白川方明《しらかわまさあき》氏）は、どうなるんだ？　白鬼か。

立木　そうかもしれません。

三重野　白鬼か。まあ、白鬼でもいいよ。色が剝《は》げてるやつもいるかもしれないなあ。

立木　あなたは、大勢の人を苦しめておられますので、これから、その報《むく》いが及ぶのではないかと思います。それを受けて、しっかり、反省していただければと思います。

三重野　源平の戦いか……。おまえらは源氏か。

立木　当会には、過去世で平家だった人もいます。

三重野　平家も？　平家の人は、すぐ没落するんだろう？　じゃあ、もう没落するんだよ。ああ、だから、源氏の時代が来るのね。これは、しばらく、ケチくさい時代が続くなあ。

立木　いやいや、新しい繁栄の時代が来るのです。

三重野　まあ、いいや。とにかく、「俺は赤鬼である」「赤い夕陽のあとに赤鬼が出来上がる」っていうことが分かった。

（机を叩く）これで満足したか。ええ？

立木　はい。

三重野　（立木に）君が地獄に堕《お》ちてくるのを待っとるからな。

立木　私は、あなたとは違う方法で頑張ります。

三重野　え？　釜《かま》も早く手に入れて、茹《ゆ》でとくからさあ。待っとるよ。君が堕ちてきたら、釜の温度を九十五度から下げないように、ちょうど適温に保っとくからさあ。
立木　それは無駄《むだ》な努力だと思います。
三重野　君をひん剝《む》いて、釜のなかでグツグツ煮《に》るのが楽しみだなあ。アハハハハッ。
立木　あまり悪業《あくごう》を犯《おか》さないほうがいいと思いますよ。
三重野　ええ？　早《はよ》う来いよ。
（綾織に）何か、君も、顔が鬼に似てるじゃないか。
綾織　そんな悪いことはしていません。
三重野　仲間と違うか。もしかして鬼じゃないか。
綾織　心優《やさ》しく生きております。
三重野　「マスコミの鬼平」とか言われて……。

綾織　いえいえ。まあ、あなたのような方に対して、鬼になることはありますが。

三重野　そうかなあ。

立木　はい。今日は、そろそろ、このへんで終わりにしたいと思います。

三重野　まあ、日銀総裁が偉《えら》かった理由が、よう分かったよな？　「閻魔大王みたいなもんだった」っていうことだ。当然のことだな。うん、うん。取締役《とりしまりやく》だからな。

立木・綾織　ありがとうございました。

「政治や経済で間違《まちが》いを犯《おか》した人」を救うのも宗教の使命

大川隆法　というようなことでした。まあ、外見《がいけん》そっくりの人でしたね。

この世での出世には、難しいものがあります。また、人には、いろいろな役割があるんですね。人間は、過去の歴史における、いろいろな因縁《いんねん》とも絡《から》まって、地上に生まれてくるようです。ただ、この人が、今世《こんぜ》、経験したことは、また次のカルマになるのでしょう。

佐高氏についても、死後、行く所はだいたい分かりました。おそらく、三重野氏のお手伝いに行くことになるのだと思います。彼は、「丸儲けしたい」などと思っていた会社の経営者等が地獄に堕ちた場合、そういう人を捕まえて、いじめる役をするのでしょう。

ところで、この本を出したら、当会は日銀に恨まれるでしょうね。当会に、日銀券が回ってこなくなったら、どうしましょう？　幸福の科学債《さい》でも出しますか（会場笑）。

立木　（笑）そうですね。自前で起こして……。

大川隆法　幸福の科学債を出して、会員から資金を自己調達しますか。

日銀からは恨まれるかもしれませんが、真実の探求は、哲学《てつがく》でもあり、宗教の使命でもあるので、許していただきたいと思います。

私は、日銀に対して悪意を持っているわけではありません。優秀《ゆうしゅう》な人も大勢いると信じています。また、全体で見れば、戦後の日本経済は成功をしたわけですから、「日銀マンや経済官僚《かんりょう》たちが、みな、間違《まちが》っていたわけでも、失敗したわけでもない」

とは思います。

ただ、「自分たちが経験したことのない時代に突入《とつにゅう》してからは、経済の舵取りが分からなくなかった」というところはあったでしょう。

その意味で、三重野氏は、日銀総裁になるのに、少し、年を取りすぎていたのかもしれません。もう少し若ければよかったのかもしれませんが、少なくとも、この人は、「マネーサプライの経済学」系は勉強していないでしょうね。まあ、それを勉強しても、白川氏（現日銀総裁）のようになるのならば、結局、同じですけれどもね。

かつて、三重野氏が「物価の安定こそ日銀の使命である。物価の安定は、経済成長より優先する」と語った言葉が、日銀に、いまだに〝戒律《かいりつ》〟として残っているのでしょう。この人の場合、東大を出ていますが、結局、学問の効用はなかったわけです。

今回の霊言には、一部、難しい面もあったかと思いますが、「日本の経済運営」というテーマと、「死後、どうなるか」という宗教としてのテーマを併《あわ》せて行いました。

最近、「幸福の科学は宗教ではない」と言うような〝変人〟も出てきていますが、当会は、死後の世界もきちんと取り扱《あつか》っています。宗教と経済を分離《ぶんり》させて考えているわけではありません。このあたりのことも知っておいていただければ幸《さいわ》いです。

政治や経済で間違いを犯《おか》した人も、死後、地獄に行きます。そういう人たちを救うのも、宗教の使命です。そのため、政治や経済についての法も必要なのです。

それでは、以上にしましょうか。ありがとうございました。

あとがき

死後二週間ほどの人を招霊《しょうれい》するというのは異例のことであるが、生前の三重野氏は公人《こうじん》でもあり、その経済政策の正邪を明らかにすることが、今後の日本の針路を明確にする意味でも重要かと思う。

また、今後、財務省、日銀の方向を糺《ただ》すことにより、政府が経済・財政政策を間違わないことは公益につながると思う。

昨年の菅政権下の東日本大震災、増税法案に執着する野田政権への竜巻被害。天からの警告の意味をよく理解すべきだ。

二〇一二年　五月十日

幸福《こうふく》の科学《かがく》グループ創始者兼総裁《そうししゃけんそうさい》　大川隆法《おおかわりゅうほう》

『平成の鬼平へのファイナル・ジャッジメント』大川隆法著作関連書籍

『日銀総裁とのスピリチュアル対話』（幸福実現党刊）

『財務省のスピリチュアル診断』（同右）

平成《へいせい》の鬼平《おにへい》へのファイナル・ジャッジメント
――日銀・三重野元総裁のその後を追う――

2012年5月30日　初版第1刷

著　者　　大《おお》　川《かわ》　隆《りゅう》　法《ほう》

発　行　　幸福実現党

〒107-0052 東京都港区赤坂2丁目10番8号
TEL(03)6441-0754

発　売　　幸福の科学出版株式会社

〒107-0052 東京都港区赤坂2丁目10番14号
TEL(03)5573-7700
http://www.irhpress.co.jp/

印刷・製本　株式会社 堀内印刷所

落丁・乱丁本はおとりかえいたします

ISBN978-4-86395-207-2 C0030
Photo: 時事

大川隆法ベストセラーズ・日本経済を救う方法

日銀総裁とのスピリチュアル対話

「通貨の番人」の正体

デフレ不況、超円高、財政赤字……。なぜ日銀は有効な手を打てないのか!? 日銀総裁・白川氏の守護霊インタビューでその理由が明らかに。

【幸福実現党刊】

1,400円

財務省のスピリチュアル診断

増税論は正義かそれとも悪徳か

財務省のトップへ守護霊インタヴューを敢行! 増税論の真の狙いとは? 安住大臣と、勝事務次官の本心に迫る!

【幸福実現党刊】

1,400円

もしケインズなら日本経済をどうするか

日本を復活させる21世紀の経済学

円高をどう生かすべきか? TPP参加の是非とは? 最強の経済学者の一人、ケインズが、日本を救う財政・金融政策と震災復興策を語る。

【幸福実現党刊】

1,400円

幸福の科学出版　※表示価格は本体価格(税別)です。

大川隆法 ベストセラーズ・アジア情勢の行方を探る

イラン大統領 vs. イスラエル首相

中東の核戦争は回避できるのか

世界が注視するイランとイスラエルの対立。それぞれのトップの守護霊が、緊迫する中東問題の核心を赤裸々に語る。
【幸福実現党刊】

1,400円

韓国 李明博大統領のスピリチュアル・メッセージ

半島の統一と日韓の未来

ミサイル発射、核開発――。暴走する北朝鮮を、韓国はどう考えているのか。大統領守護霊が韓国の外交戦略などを語る。
【幸福実現党刊】

1,300円

台湾と沖縄に未来はあるか?

守護霊インタヴュー
馬英九台湾総統 vs. 仲井眞弘多沖縄県知事

経済から中国に侵食される「台湾」。歴史から中国に洗脳される「沖縄」。トップの本音から見えてきた、予断を許さぬアジア危機の実態とは!?
【幸福実現党刊】

1,400円

※表示価格は本体価格（税別）です。

大川隆法ベストセラーズ・希望の未来を切り拓く

不滅の法

宇宙時代への目覚め

「霊界」、「奇跡」、「宇宙人」の存在。物質文明が封じ込めてきた不滅の真実が解き放たれようとしている。この地球の未来を切り拓くために。

2,000円

繁栄思考

無限の富を引き寄せる法則

豊かになるための「人類共通の法則」が存在する。その法則を知ったとき、あなたの人生にも、繁栄という奇跡が起きる。繁栄の未来を拓く書。

2,000円

発展思考

無限の富をあなたに

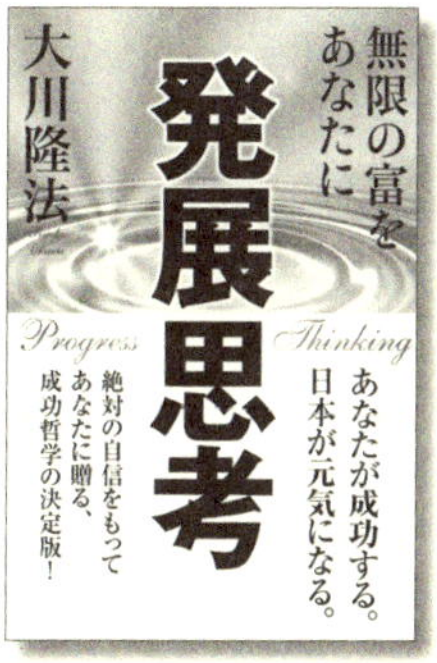

豊かさ、発展、幸福、富、成功など、多くの人々が関心を持つテーマに対し、あの世からの視点をも加えて解説した成功論の決定版。

1,800円

神秘の法

次元の壁を超えて

2012年10月
映画化

この世とあの世を貫く秘密を解き明かし、あなたに限界突破の力を与える書。この真実を知ったとき、底知れぬパワーが湧いてくる！

1,800円

※表示価格は本体価格（税別）です。